刑壇に消ゆ

典獄・高橋良雄と12人の死刑囚

海原 卓
Kaibara Taku

日本経済評論社

はしがき

一、

手紙は、昨年（二〇一四年）八月の末、私に届いた。

差出人は、元東京拘置所の所長を務め、その後、福岡・名古屋の矯正管区長を歴任して退官した典獄（尊敬の意を込めて）高橋良雄氏のご子息からのものだった。

それは、次のようなものだった。

前略

大変ごぶさたしております。お変りありませんか。母の一周忌も終って、両親が五十年余り住んだ母屋も解体することになりました。すでに解体は済んだのですが、遺されたものの中に、東京拘置所の死刑囚からの手紙があります。父が転勤後に、刑の執行を申し渡されて、最後に書いたと思われるものが何通かあるように思います。これらをゴミとして破棄してしまって良いものか、資料として活用される方がおられるのか、個人情報としての問題もあるのかどうか、思い悩んでいるしだいです。御教示いただければ幸甚です。

私は、電気に打たれた思いで立ち上がった。

それらの全部を私に送って欲しい、と。

御子息もそれを期待しての声掛けであったろう。

すでに処刑されて故人になっている彼等は、私を待っているはずだ、と思ったのである。暗闇に一条の光が入ったのである。

数日が経った。宅配便の古いダンボール箱が、一個配達された。ダンボール箱の腹には、「和歌山・有田みかん」と印刷されていた。箱をあけてみる。

二、

まず、封書と葉書の束が顔を出した。次に、二十数枚の色紙が出てきた。辞世の短歌が書かれている。

その一首が顔を出す。

さらばなり 憂えの奥山 今日こえて　ゆくぞうれしき 弥陀のみもとえ

そして、「高橋所長さん、長い間お世話になりました。昭和四十二年十二月九日朝」とあるが、実際は十一月九日のこと。男の処刑の朝が思い描かれている。

この男だ。処刑場に着いて、一時間半の待ち時間があると告げられると、彼は、あることを申し出る。その間、有段者の某看守との将棋五番勝負を願ったのだ。そして、たて続けに五番勝つのである。そして、彼は「間が持てました」と刑壇にのぼったのだった。

三、

獄には感銘がある。感銘は人間のものである。人間的な扱いこそが、感銘を呼んで、刑の実効を促すものだと思っている。それは、たとえ死刑の廃止、存置にかかわらずにである。

死刑の確定者である者が、拘置所の所長として接した高橋典獄に対して、自己の死刑の執行が告げられた事実を、一枚の葉書で報告し、この世での謝辞を述べていることに感動する。

刑の本質ともいうべき、「死刑」について、現にある姿を考えてみる機会を得たことを手掛かりにして、感銘の刑を考えてみることにしたい。

目次

序章　片づけましょう

テレビドラマ『裁かれしもの』

昭和五十九年（一九八四）五月、読売テレビが募集した「読売テレビゴールデンシナリオ賞」の審査結果が発表され、最優秀作品として、海原卓の『裁かれしもの』が選ばれた。作品は翌年にかけて制作され、四月、日本テレビで放映されたのである。

物語を要約すると、次のようなものであった。

丸の内に法律事務所を開く村瀬謙吉（樋口和博氏がモデル）は、元東京高等裁判所の長官も務めた著名な弁護士である。ある日、見知らぬ中年の婦人、きわが村瀬を訪ねてくる。「娘の弁護を引き受けて欲しい」というのだった。

きわの娘は、精神障害児の子殺し事件の容疑者であった。しかし、なぜ、依頼する弁護人は、村瀬でなければならないのか。

実は、娘の父親で、きわの夫でもあった男は、かつて村瀬裁判長から「死刑」を言渡され、刑死した男だったことがわかってくる。

村瀬は、某日、死刑を言渡した男の上級審の裁判の結果が知りたくて、記録を取り寄せる。

わが国の刑事裁判は、三審制をとっている。男に死刑を言渡した一審の村瀬判決は、高等裁判所に控訴され、最高裁判所に上告されたが、いずれも棄却されて、さらに、判決訂正申立があったが、これも認められず、確定した事件であった。

ところが、村瀬が驚いたのは、一件記録のなかにあった男の申立書であった。

コラム「筆洗」

東京新聞に、「筆洗」というコラム欄がある。よく知られている朝日新聞の「天声人語」のようなものである。そこに、元東京地裁の裁判長だった樋口和博（ドラマでは、村瀬謙吉）の告白が紹介されていたのである。

それによると、被告人自身が書いた「判決訂正の申立」という紙一枚が綴じられていた。それには、次のようなことが書かれていたのである。

判決訂正の申立

私は、強盗殺人等被告事件につき上告棄却を宣告された者ですが、左記の通り判決訂正の申立を申し上げます。

強盗殺人罪等によって、死刑の宣告を受けましたが、これは何の問題もありません。しかし、こうして死刑を宣告されている被告側からすると、果して慎重の上にも慎重と言う程考えてくれたのであろうか、と疑問に思うところがあります。現に法廷で、裁判長みずからこんな事を口走り、被告の耳に入り、否な気持にさせられたことです。それは、四十一年の九月か、あるいは十月の頃のことです。求刑裁判の当日のことでした。

「……来年に持ち越しても何んですから、どうでしょう、今年一杯に片づけてしまいましょう――」と言われたのでした。

これは、何について「片づけてしまいましょう」と言われたのでしょうか。被告側からすると、気になって仕方がありません。

裁判の審理の進行上の内輪話なら別に被告も気になりません。しかし、法廷で、弁護人に裁判長みずから「片づけてしまいましょう」と話しかけたのです。それを被告も聞いていたのです。とても嫌な気分です。

そのような事を直接聞いた被告人にしてみれば、裁判所の死刑適用は、特に慎重でなければならないなんて、表面上のお飾りにすぎない、と、思ってしまうのです。

樋口裁判長が、法廷の被告人の面前で「片づけましょう」と言ったというのである。頭を殴られた思いであった。

村瀬裁判長のモデルになった樋口和博元裁判長は、自著『随筆 峠の落し文』で、次のように書いている。

私は長いこと裁判官生活をしている間に、数多くの死刑事件に関与した。生と死の極限に立たされて、裁きを受ける被告人の心情には、十分な注意を払いながら審理を進めてきたつもりである。

ところが、過日、私の関与したT被告人の強盗殺人事件で、死刑判決を言い渡し、上級審で死刑が確定した既済記録を取り寄せて調査する機会を得た。その記録を調べてゆくと、その最後のページに、被告人の最高裁に対する判決訂正の申立書が添付してあった。そのなかに、「私は強盗殺人などの大罪を犯して死刑になった。……第一審の、求刑公判直前の公判廷で、裁判長が、『この事件を来年に持ち越すこともなんですから、どうでしょう、今年一杯に片づけるように御協力頂きましょうか』と言ったことがあります。

被告人の私にしてみれば、まことにいやな感じを受けました。その言葉はいったい何を『片づけましょう』といったのか気になって仕方がなかったのです。それを聞いていると私としては、何ともやりきれない気持でした。そして、思っていた通り、死刑判決で片づけられてしまいました。

裁判所が死刑の適用について慎重でなければならないと言っていることなんか、表面上のお飾りごとに過ぎないものと、そのときから考えるようになったのです」……

私はこの判決訂正申立書を読んで胸がしめつけられる思いがした。私には、当時、そのような発言をしたかどうか記憶がまったくない。T被告人がそのように記憶しているとしたら、間違いないことであろう。もしそうだとしたら、何と不用意な心ない発言をしたものであったろう。死刑求刑を受けるかもしれない法廷に立たされた被告人の心の動きに深い洞察を加えることなく、そのようなことを言ったのかと反省され、冷汗を覚えたものである。

さらに続けて、

何気なく発した言葉づかいや態度が、多くの人達の心に、あるときは、ほっとした心の安らぎを感じさせたり、またあるときは計り知れない重圧を与えることもあるであろう。

樋口裁判長は、続けて述べる。

このT被告人の判決訂正の申立書は、「死」をもって「言葉の重さ」を訴えているものと、私〔樋口〕は感じとったことである。

東京新聞の『筆洗』欄に紹介された、樋口元裁判長の「片づける」発言は、海原卓の創作意欲を掻き立てるものであった。

最終弁論

樋口元裁判長役の村瀬謙吉は、俳優小林桂樹《けいじゅ》が演じた。クライマックスの弁論を、長台詞で乗り切ったのだった。次のような訴えである。

私は、三十八年間、裁判官の職にあったことは、御承知のとおりであります。この間、刑事裁判官として、おびただしい事件に関与して参りました。

私は、長年、裁判は人が人を裁くのではなく、法が人を裁くのだ、との信念に従って職務を全うしてきたつもりであります。

しかし、裁判は、やはり人が人を裁くものなのです。法が裁くのだとは誠に傲慢な思想だということに気付きました。

裁判は、裁かれる者のみならず、その家族、縁につながる者にも深刻な影響を与えることを考えるとき、また、たとえ誤判を犯したとしても、当の裁判官は罰せられないということを考えるとき、法が裁くという思想にくみすることは、はなはだ危険であります。われわれは、人が人を裁くのだという実態に謙虚にならねばなりません。職業裁判官は、知らず知らずのうちに、独特の論理と経験則をもって、高見から被告人を裁断し勝ちでありますが、被告人の目の高さに立つ謙虚な姿勢が必要であります。

このことを痛切に思い知らされた私の出来事を御披露申し上げて、他山の石としていただきたい。

私が二十年前に関与したある死刑事件であります。その被告人は、死刑判決を受けて、控訴、上告を繰り返し、何れも棄却されて、処刑されたのであります。上訴を繰り返したのは、私が法廷で何気なくもらした一言によってであったのです。

期日打合せを法廷でした際のことでした。私は、検察官、弁護人を前にして、事件を年内に片付けたい、と言ったそうであります。もとより、私には、記憶にないことであります。しかし、このことが被告人にひっかかったのであります。この私の発言にこだわって、あたかも塵芥《ちりあくた》のごとくこの世から葬り去られることが耐えられない、と書き残したのであります。確かに私がそう言ったのでありましょう。そのため、死の覚悟がつかず、心残りだ、と言い残して、処刑されたのであります。

知らず知らずのうちに、私は、裁判官として、機械的に事件の処理をしていたわけであります。被告人としての人間、その縁につながる人々を見ていなかったことに気付いたのです。私は、愕然としました。

第一章　死刑と憲法

死刑の執行

刑法第一一条第一項に、「死刑は、刑事施設内において、絞首して執行する。」と定めている。処刑は、「絞首」によるのである。

刑事訴訟法第四七五条第一項には、刑の執行は、法務大臣の命令による、と定めていて、その命令は、判決の確定の日から六ヵ月以内にしなければならない（同法第二項）。そうして、法務大臣が執行を命じたときは、五日以内に執行しなければならない（同法四七六条）。

また、執行にあたっては、検察官、検察事務官および刑事施設の長（拘置所の所長）などが、立会うことになっている（同法第四七七条第一項）。また、検察官または、拘置所または刑務所の長の許可を受けた者でなければ、刑場には入れない（同法第二項）。いわゆる密行主義を採用しているのである。

死刑の執行にあたって、法は、右のように規定しているが、守られているとは言えない。刑の執行は、判決の確定から六ヵ月以内に行わなければならない、と定めているが、守られていない。このことは、広く知られている。なぜ、守られていないことが許されるのか。同法第四七五条第二項の執行命令（六ヵ月以内という期間設定）は、法的拘束力がない訓示規定と解され、許されるから、ということになる。

この点について、下級審であるが、次のような判決が出ているので、以下述べることにする。それは、甲野一郎（仮名）という、死刑確定者が国を相手取って提起した損害賠償請求（国家賠償法一条に基づく慰藉料請求）事件がある。

請求の理由は、死刑確定者である甲野一郎が国に対し、法務大臣が死刑判決確定の日から六ヵ月以内に、甲野一郎に対する死刑執行を命じなかったことは、刑事訴訟法四七五条二項に違反すると主張して、慰藉料の支払を求めた事案である（東京地裁平成十・三・二十民事第一六部判決）。

刑訴法四七五条二項本文は、死刑執行の命令は、死刑判決確定の日から六ヵ月以内にしなければならない、と規定している。

原告は、同項は単なる訓示規定ではなく、法規であって、同項の趣旨は、死刑確定者に不当に長く死の恐怖を継続させないところにあると解釈すべきもので、法務大臣が六ヵ月以内に死刑執行を命ずる義務は、死刑確定者である甲野一郎に対する法的義務でもある。

したがって、法務大臣が甲野一郎に対し、六ヵ月の期間内に死刑執行を命じなかったことは、国家賠償法第一条一項所定の違法行為にあたる、と主張したのである。

これに対し、国は、刑事訴訟法四七五条二項は、法的拘束力のない訓示規定と解すべきであり、仮に訓示規定でなく、法務大臣に対し法的義務を課したものだとしても、右義務は国に対する職務上の義務にすぎず、死刑確定者に対する義務ではないと解すべきである、と主張したのである。

東京地裁は、右の原告と被告の主張に対し、以下のように判断し、結論を下している。

先ず刑事訴訟法四七五条二項の趣旨は、死刑という重大な刑罰の執行に慎重の上にも慎重を期すべき要請と、確定判決を適正かつ迅速に執行すべき要請とを調和する観点から、法務大臣に対し、死刑判決に対する十分な検討を行い、管下の執行関係機関に死刑執行の準備をさせるために必要な期間として、六ヵ月という一応の期限を設定し、その期間内に死刑執行を命ずるべき職務上の義務を課したものである、として、刑事訴訟法四七五条二項は、それに反したからといって、特に違法の問題の生じない規定、すなわち法的拘束力のない訓示規定であるから、法務大臣の行為が同項に違反するか否かにかかわらず、国家賠償法第一条一項の違法の問題を生じさせるものではない、と判示したのである。

死刑確定者から、絞首執行を早くせよ、という趣旨の訴訟を提起されるとは、法務省の関係部署の席にある人達は驚いたことであろう。

刑訴法四七五条二項の解釈（訓示規定）によって、死刑執行が無原則になることは、どんなものであろうか。平成二十六年（二〇一四）十二月二十八日の新聞報道（産経新聞）によれば、年末時点においての確定死刑囚は、一二九名、前年末は、一三〇名で、一名の減であるが、それに特別の意味を見ることはない。問題は、平成十九年（二〇〇七）末に、一〇七名の確定死刑者になり、以来、百名を越す確定死刑囚が続いていることに注目するのである。

憲法第三六条は、公務員の拷問と残虐な刑罰を禁止している。龍岡資久判事は『刑法における倫理の思想』において、次のように述べている。「刑は、重からむよりは寧しろ軽きに如かず」と。

残虐な刑罰など、もってのほかである。とすれば、残虐な刑罰とはどんな刑罰であろうか。これが問題になる。

団藤重光元東京大学教授にして最高裁判所の判事を経験した氏は、次のように述べている。「残虐とは、反文化的・反人道的なもので、通常の人間的感情をもっている者に衝撃を与える種類のもの」と説く。また、最高裁判所は、「不必要な精神的、肉体的苦痛を内容とする人道上残酷と見られる刑罰である」と。

これらは、要するに、社会的通念によって判断されるということであろうか。そのうえで、死刑の執行について考える。

刑事訴訟法第四七五条第一項に「死刑の執行は、法務大臣の命令」による、とされて、命令は、判決確定の日から六ヵ月以内に執行しなければならない。

法務大臣が、執行を命じるときは、五日以内に執行しなければならない（刑事訴訟法第四七六条）。また、検察官、検察事務官および刑事施設の長の立会が必要とされている（同法第四七七条第一項）。さらに、検察官または拘置所所長または刑務所の長の許可を受けた者でなければ、刑場には入れない（同条二項）とも定められている。いわゆる「密行主義」を採用している。

現在、死刑の執行があった後に、法務大臣が、執行があった旨を簡明に発表している。しかし、死刑の執行が、判決（死刑）確定後六ヵ月以内に行われなければならないとの規定は、守られていないことは、多くの国民が知っている。それは、法律上の義務ではなく、先にも述べた訓示的規定に過ぎない、というのが、裁判所の見解である。

かつて、田中伊三次という法務大臣が、一挙に二三名の死刑執行を命じたことがあった（勢藤修三『死刑の考現学』）。

昭和四十二年（一九六七）十月十六日の夕方のことであった。法務省の記者室にいた各新聞社の記者達に、ときの田中法務大臣から「重大な事柄についてお話がしたいので、大臣室まで御足労下さい」と、連絡があったという。

「何だろうか？」と、各社の記者達は、いぶかりながら大臣室に集まったという。

すると、机の上にうず高く書類が積み上げられて、その上に一〇センチほどの銅製の仏像が置いてあって、書類のかたわらに、数珠と赤エンピツがあったことから、一同は、大臣が、「死刑執行命令書」にサインをしたのだ、と直感したという。

すると、大臣は、深刻な顔で、「ただいま、二三人の死刑囚の方々の執行命令にサインをしました」と言って、書類を指さしたのである。各社の記者達は、仰天したという。

勢藤氏は言う。一挙に二三人もの死刑囚の執行命令にサインしたということもさることながら、そのことをわざわざ新聞記者を呼んで公開したという無神経さに対してであった、と。

勢藤氏は、続ける。われわれは田中氏に、かかる厳粛なるべきことを、れいれいしく公開した真意を尋ねたという。田中は、これに直接答えず「みなさん、このことを新聞にお書きになっても結構ですよ」と言ってのけたというのである。

さらに言う。田中伊三次は、一体どんな意図があって、新聞記者達に公開したのか、ということであった。それがわからないまま、二ヵ月ほど前にあった出来事を思い出したという。

それは、閣議後の記者会見で、彼は、とんでもないことを言い出したのである。「実際に、死刑の執行をみんなで見よう」というのである。記者達から、この提案は、「馬鹿も休み休み言え」と一蹴されたという。

勢藤氏は、さらに言う。

当時にあった些事はことごとく忘れ去ったが、これのみは忘れようとして忘れ難い筆者（注、勢藤氏）の人生の傷痕となった、と。さらに、今日なお、その生命と未来を、田中の自己顕示欲のために、こともなげにもてあそばれた二三人の魂のために祈らずにはいられない心境である、と。

田中氏は、京都出身の弁護士で、法学博士号を立命館大学から得ている人である。その人が、あえて新聞記者を大臣室に招いたとは思えない、という意見もあると思う。しかし、大臣の意図を聴くのは、不可能なのだ。故人になっているからである。

本題に戻ろう。死刑の存廃議論において、廃止論者が越えられないのは、「死刑が野蛮なものでも、その者（犯人）だけは生命の安全が約束されているとすれば、いかにも不合理である（前掲龍岡著書、傍点引用者）。正に、然り、である。死刑廃止論者の越えられぬ点である。

死刑は合憲である、と最高裁が判断を示したのは、昭和二十三年（一九四八）三月十二日の大法廷の判決においてである。その際、「一人の生命は、全地球より重い」という言葉があって有名である。その判決に「死刑といえども、他の刑罰の場合と同様に、その執行の方法等がその時代と環境において人道上の見地から一般に残虐性を有するものと認められる場合には、もちろん残虐な刑罰といわねばならない。将来もし死刑について、火あぶり、はりつけ、さらし首、釜ゆでの刑のような残虐な執行方法を定める法律が制定されたならば、その法律は憲法に違反する」と述べて、現行の絞首刑は残虐な刑罰とはいえない、と結論しているのである。

また、この事件で裁判官は、補充意見を述べている。「刑罰が残虐か否かは、国民感情によって定まる。国民感情は、時代とともに変遷する」と。これは、将来、絞首刑が残虐な刑になる可能性を示しているとも言えるのである。

さらに、昭和三十六年（一九六一）最高裁は、死刑囚が、死刑の違憲を訴えた件で、絞首の残虐性を否定している。また、死刑の執行方法について、法律の定めがない、と訴えたことに対し、最高裁大法廷は、明治六年（一八七三）の太政官布告第六五号で、絞首刑を定め、新憲法（日本国憲法）下でも、この布告の効力は生きている、としたことである。

太政官布告六五号とは、次のようなものである。

両手を背に縛し、紙にて面を掩ひ、引て絞架に登せ踏板上に立しめ、絞縄を首領に施し、踏板忽ち開落して囚身、空に懸る。

今時の人には、難しい文面である。が、後にこの文意は、「両手を背中で縛られるのが、両手が前で縛られて、絞架に登らせられて、階段がなくなって、踏み台が開く地下式になって、落下する」に変わった。

判決は、処刑の執行として、刑事収容施設及び被収容等の処遇に関する法律第三二条、三六条、刑法第一一条、旧監獄法第七一条一項、七二条、刑事訴訟法第四七五条、四七八条など絞首を前提に規定し、これらを総合してみると、他の方法に比べて、人道上残虐とはいえない、というのである。

刑場の公開

刑場は、原則として公開されない。秘密である。しかし、例外もあるのである。それは、国会議員が国政調査権を根拠にして、見学を実行した。しかし、ビデオ撮影は許されなかった。注目されるのは、メディアに刑場が公開されたのだった。それは、平成二十二年（二〇一〇）八月二七日のことだ。時の法務大臣の千葉景子氏は、東京拘置所の刑場をメディアに公開したのである。

この刑場公開は、法務省担当記者二一人だけに許されたものであった（小倉孝保『ゆれる死刑』二八頁)。

刑場公開は、教誨室、前室、執行室、ボタン室、立会室の五室が対象で、二組に分かれて順番に回ったのである。

二一人の記者達が、拘置所敷地から、マイクロバスに乗せられて、拘置所内の刑場棟に向かったときのことである。バスの窓は、カーテンが下りていて、外の様子がまったくわからなかったのである。

先ず驚いたことは、マイクロバスが刑場に向かっているときに、上空にメディアのヘリコプターが飛ぶような場合には、公開を中止するかもしれない、と警告されたときのことであった。刑場棟がどこにあるのか、位置の情報には、神経をとがらせていたのだった。

刑場の左手に教誨室があった。机を隔てて椅子が二つあった。壁には、小さな仏壇がある。独房から連れてこられた死刑囚は、執行について、ここで事前告知を受けるのである。また、遺言を伝えるところでもある。希望すれば、教誨師との面談も許される。

キリスト教の教誨を望む場合には、仏壇の扉を閉じて、十字架が置かれるのだという。

記者達は、次の廊下を通って前室に入った。広さ約一四畳。拘置所所長が正式に執行を告知する部屋である。その隣りが執行室である。

実際に執行される直前まで、カーテンで執行室を仕切っている。死刑囚は、執行室を目にすることはない、という。

記者は、「想像していたものと、全然違っていた」と、印象を語るのであった。「明るくて優しい感じなんです」と。これは意外であった。

「壁はきれいな木目で、光が壁に反射して明るい」、「やわらかな絨毯が敷かれ、靴音は全くしない」と、語るのであった。

記者達は、執行室に移動した。中央に一・一メートル四方の踏み板があった。

踏み板は、赤いテープで囲まれ、さらに板の中央にテープで四角形が描かれている。死刑囚が、最後に立つ位置を示しているのだ。

係官は、記者達に忠告した。「踏み板の上には絶対に乗ってはいけない」と。

首にかけるロープは外されていた。ロープを設置するための、銀色の大きな輪が、床から壁、天井にかけて四点に位置されていた、と語る。

記者は、続ける。

「刑場は全体的には、宗教施設のようなイメージでした。前室には仏壇はあるし、部屋を移るたびごとに、拘置所の職員は、足と手をきちんと合わせて礼拝をします。私語は、厳禁。一方、ロープを設置する銀色の輪や天井の滑車が、かなり強固でごつい感じであった。こうした装置は、ただの宗教施設ではなく、人の命を奪う場所だ、と教えていた。

踏み板の一・一メートルというのも、思ったよりも大きく感じました」と語る。

執行室の隣りは、ボタン室で、ボタンは三つあった。

三人の刑務官が、一斉にボタンを押す。踏み板が外れ、誰のボタンが作動したのか、わからない仕組になっている。刑務官の精神的な負担を少しでもやわらげる工夫であろう。

死刑囚は、前室で執行の告知を受け、医療用ガーゼで目隠しをされ、両手に手錠がかけられる。仕切られたカーテンが開く。執行室に移る。死刑囚は、踏み板の上に乗ると、ロープを首にかけられる。と、時間をおかずにボタンが押されるのだ。踏み板が開くと、四メートル下の死の世界に落ちていくのである。

記者達は、次に立会室に移動する。立会室から執行室の下へ階段があって、降りることができるが、降りることはゆるされなかった。

執行室の下部は、コンクリートの打ち放しになっていて、排水溝があった。執行時に小便をたれ流したこともあるので、水洗いができるようになっている。

約一五分ほどの記者達の見学であったのである。

執行を待つ間

死刑囚が執行を待つ間に見られるという一種の極限状態について、加賀乙彦氏（本名小木貞孝）の著書『死刑囚の記録』の「七版あとがき」を取り上げてみる。

死刑囚は、穴から床の下に落下しながら首を絞められて殺されるわけである。実際の模様を私は自分の小説のなかに忠実に描いておいた。（傍点引用者）

と述べている。そうして、次のように主張する。

私が本書でのべたように死刑の苦痛の最たるものは、刑執行前に独房のなかで感じるものなのである。死刑囚の過半数が、動物の状態に自分を退行させる拘禁ノイローゼにかかっている。彼らは拘禁ノイローゼになってやっと耐えるほどのひどい恐怖と精神の苦痛を強いられる。これが、残虐な刑罰でなくて何であろう（傍点引用者）。

しかし、すべての死刑囚が、加賀氏が述べる拘禁ノイローゼになるとは限らない。このことは、加賀氏も否定しないのではないか、と思う。後に書く死刑囚達のなかに、加賀氏の指摘を否認する者もいるのではないか、と思う。また、確信犯である死刑囚には、信念によって、平然と対決する者もいると思われる。例えば、市ヶ谷刑務所で処刑された、アナキスト古田大次郎である。

なお、平安な境地になっていた死刑囚が、無期懲役に減刑されたことで、かえって心境の乱れを生じたという実話がある。それに材を取って、中山義秀の『少年死刑囚』が生まれた。後に取り上げる一二人の死刑囚のなかに、加賀氏の指摘を当たらないと思う者がいることを、どう説明するのだろうか。彼等は、死刑への恐怖を克服する心境に至ったのではなかろうか。

小説『白痴』の五分間

ロシアの文豪ドストエフスキーは、死と向き合った経験を持つのである。『白痴』のなかで、もっとも重要な主題が、死を前にした人間の心理を書くことであった。実際に、彼は恐怖を体験したのだった。それを描いてみせたのである。

死刑の宣告を受け、執行の直前に減刑される、という経験を持っている。

「あと五分間ばかりで、銃殺される。それまでの本人にとっては果てしない長い時間が、莫大な財産のような気がした」というのである。

このあとが、有名なくだりである。

「時間を割りふりして、友達との別れに、この二分間ばかりをあてて、いま二分間を最後にもう一度、自分自身のことを考えるためにあてて、残りの時間は、この世の名ごりにあたりの風景をながめるために充てる、と小説の主人公のムイシュキンに語らせている、のである（加賀乙彦著『小説家が読むドストエフスキー』八五頁以下参照）」

そして、ムイシュキンがフランスで見てきたギロチンによる死刑執行の公開の現場のことが語られるのである。

考えてごらんなさい。たとえば拷問ってやつを。こいつを受けるものは、体に傷をつけられたり、なんかで苦しいでしょう。けれど、それは肉体の苦しみだから、かえって心の苦しみをまぎらしてくれます。だから、死んでしまうまで、ただ傷で苦しみをまぎらしてくれます。

ところが、いちばん強い痛みは、おそらく傷じゃありますまい。

もう一時間たったら、十分たったら、三〇秒したら、今すぐに魂が体から飛び出して、もう人間ではなくなるんだということを、確実に知る、その気持です。この確実にというのが、大切な点です。

頭を刃のすぐ下にすえて、その刃が頭の上をするすると滑ってくるのです。この四分の一秒間が、何より恐ろしいのです。

……宣告を読み上げて人を殺すのは、強盗の人殺しなどとは比較にならないほど恐ろしいことです。

夜、森の中かどこかで強盗に斬り殺される人は、かならず最後の瞬間まで救いの望みをもっています。もうのどを断ち切られているのに、当人はまだ希望をいだいて、逃げるか、助けを呼ぶしかないのです。

この最後の希望があれば十倍も気安く死ねるものを、確実に奪ってしまうじゃありませんか。宣告を読み上げる、すると、金輪際逃がれっこないのです。そこに恐ろしい苦痛があるのです（後義輝『死刑論の研究』、ドストエーフスキイ『白痴』米川正夫訳参照）。

死刑存置論の根拠

国民のほぼ八〇%は、死刑の存置を支持している。廃止には反対である。なぜ、そうなのだろうか。刑法学者の香川達夫氏は、著書『刑法講義 総論』（四三七頁）で、次のように述べている。

死刑はないにこしたことはない。先進ヨーロッパ諸国が、相ついで死刑を廃止していった英知を見倣う必要があるのも事実である。だが死刑の存否は、単なる抽象的論議によって、あるいは比較的考察によって解決しうる課題ではない。基本的には、歴史的社会の現実を直視したうえで解決されなければならない。わが国における死刑宣告の実態は、その七六・五パーセントが刑法第二四〇条（強盗致死傷）違反によって占められている。この事実は、死刑を選択する以外に方法がないから死刑を宣告せざるを得なかった事実をものがたっている。

また、次のように述べる人もいる。

死刑を科することが、ただちに野蛮国家を意味することにはならない。死刑を廃止することは、遠い理想としてみとめうるとしても、理性によりきずきあげた法制度のうちにおいて、残酷無道な犯罪に対する冷厳な制裁として、死刑を科することは、現代文化のもとにおいても許容しなければならない（荘子邦雄『刑法総論』七五八頁）。

また、一橋大学名誉教授であった植松正氏は、次のようにユニークな意見を述べている。それは、人から死刑制度の存廃を問われれば、正義感から、存置支持の意見を言うが、国際的な運命としては、遠からず日本でも廃止となることを自覚している、としながら、現実的な課題としては、死刑廃止に踏み切るには、躊躇を覚える、として、それは、当時、東京大学の教授であった藤木英雄氏の意見と同様であると、告白しているのである。

その意見とは、次のようなものである。

今日、死刑の実際上の威嚇力が著しく弱っていることは事実だが、殺人罪がほとんど犯されることのないような平和な社会ならば格別、大量殺人の可能性がいっそう増大してさえいる段階において、いかなる犯罪行為をなしても、その犯罪者の生命だけは保証する、という結果になる死刑廃止に踏み切ることには、躊躇を覚える。当分の間、抽象的な最後の刑罰として死刑を存置し、現実に死刑の言い渡し、執行を極度に慎重に行なうというのが、合理的解決となろう（藤木英雄『刑法講義 総論』三二頁）。

右に述べたように、死刑の存廃問題については、国民の意見は対立しており、死刑廃止に至るという見通しはない。この問題は、結局、国民の価値観の認識の問題であろう。

刑務官という職業を経験した人が、死刑について、どのように考えているか。これは、なかなか表面には出てこない問題である。ところが、中央学院大学の重松一義教授は、刑務官を経験した後、監獄学を専攻して、業績を挙げた人である。教授が、死刑存廃問題に、どう反応されるか、これは願ってもない人の登場である。その氏が、「死刑制度永久必要論」（中央学院大学法学論叢、第八巻第二号、一九九五年三月）という論文を発表されたというのである。それを、同じ刑務官出身の坂本敏夫氏が、『元刑務官が明かす死刑のすべて』（二七二頁～あとがき）で、以下に紹介しているので、それを述べたい。

重松教授は、説くのである。死刑制度は、賛成多数といった多数決の原理で決まり、あるいは、決めるべきものでない、として、さらに進んで「死刑制度は人類と獣類とを区別するレフリー、分岐点として存在すべきものとの認識にあり、たとえ千年、万年、凶悪犯罪が起らぬとも、人類自身の戒めとして、錘《おも》しとして、法として掲げつづけておくことが、人類の叡智《えいち》であり、見識であり、人間の尊厳と考えるからに他ならない。」と述べているのである。

絞首の検分

向江璋悦《てるよし》氏の体験である。中央大学法学部の出身で、戦前に検事になって、後に弁護士に転じた向江氏は、死刑廃止論の研究で法学博士の学位を得たのである。早くに故人になったが、死刑執行の実際を見たことが、同氏の立論の根拠になっている。

それは、昭和十一年七月のことである。司法官試補として大阪地検に赴任して間もなくのこと、検察指導官に連れられて、はじめて大阪刑務所内で死刑執行の実際を見学したという。

その死刑囚は、大津市近くで強盗殺人罪を犯した犯人であった。向江氏は同僚十数名と刑場に到着すると、すでに死刑囚は、仏前に坐っていて、教誨師の読経を聞いていた。その時、意外に思ったのは、凶悪犯人という姿はなかったことであった。三十数歳の青白い丸刈りの線の弱そうな男が、囚人服を着て仏前の椅子に腰掛けて、ぶるぶる震えていた、という。それは、ぶるぶるというより、がたがたといった震え方であった。歯の根も合わなかったのであろう。

刑務所長が仏前に供えてあった菓子を勧めると、こっくりと頭を下げて食べかけたが、小さな饅頭の半分しか喉に通らないらしく、半分は、その場に置いてしまった。また、仏前に供えてあったお茶か水であったか、一口飲んで元に戻してしまった。やがて施錠され、目かくしをされて、刑場に連れていかれたが、足ががくがくして歩けない様子で、両側から二人の看守に抱きかかえられて、絞首台の踏板に立たされた。

絞縄を首にかけられ、踏板のハンドルが外された。井戸つるべが、ガタンと落ちるように、ものすごい音とともに落下し、地下室内にぶらさがったのである。絶命まで一七、八分かかったと思う。その時間のいかに長く感じられたことだろうか。いまだに忘れられない。

男が吊り下げられた瞬間に、男は首を、縦に横に振りながら「ウオッ!」とうなり声を挙げながら、両腕を上にあげようと、もがいていたことが、忘れられない、というのである。

向江氏は、この体験をもう一度経験するのだった。

それは、昭和十七年（一九四二）のことであった。札幌苗穂刑務所で、死刑執行を見学したのである。一人前の検事として、当時、指導していた司法官試補数名と訪れたのだった。

この時の死刑囚も強盗殺人犯であったという。たえず震えている状況であった。歩けない姿は、大阪の場合と同じであった。

行刑学者正木亮《あきら》

死刑を語って、正木亮氏を語らないわけにはいかない、のである。

正木氏といえば、著名な行刑学者で、死刑反対論者でもある。明治二十五年に広島に生まれ、大正七年、東京帝国大学法学部を卒えて検事になる。後、司法省に転じて、行刑を扱う刑政局長。広島、名古屋の各控訴院検事長を歴任し、戦後、弁護士登録。神奈川大学教授、法学博士。すでに故人である。

輝かしい経歴であるが、正木氏が若い検事時代、身分を秘して刑務所に服役した、いわゆる志願囚の経験を持つ人でもあった。

昭和二十八年（一九五三）頃であったと思う。東京地検に配属された司法修習生であった私は、検察庁で正木氏の講演を聴く機会があった。それは、志願囚の経験を語ったものだったが、講演が終わったとき、修習生達に、感想を求められたのである。その際、私は、正木氏の志願囚の経験は、本当の意味で経験とは言えない、との感想を述べたことがあった。どのように構えても、心理において服役者と同じにはなれないからである。

氏は、弁護士になってから、数々の著名な事件の弁護に当たっているが、絞首刑が残虐な刑罰であるか否か、について、裁判所から鑑定を命じられたことがある。

昭和二十六年八月二日のことで、東京高裁第一刑事部の小中裁判長から、絞首刑は残虐な刑罰か否か、の鑑定であった。私の手許に鑑定書があるわけではないが、『法律のひろば』（第五巻第四号、ぎょうせい、一九五二年四月）に、「絞首刑は残虐か」と題して論文を発表しておられるので、それに基づいて以下に書く。

正木氏の態度は、自身も書いているように、実証的、かつ刑事学的基盤によって書かれるものだ、と前置きして、以下に述べておられる。

氏は、死刑の執行方法として、今日の世界で行われているものが、五種類ある、として、銃殺、斬殺、絞殺、電気殺および瓦斯殺を挙げる。そして、アメリカ合衆国では、初めは概ね絞首刑であったものが、一八八二年にニューヨーク州で電気殺が採用された。これが一九州に普及していき、さらに瓦斯殺へと移っていった。なぜか。それは、残虐な絞殺から電気殺への人道的革命であったという。

そのうえで、今日行われている世界の死刑執行方法の残虐性の程度に差等をつければ、次のようになる、と主張しておられる。

それは、発生的形態でみると、絞殺、斬殺、銃殺、電気殺、瓦斯殺という順になるとし、殊に、絞殺は、昔、縛首という刑罰があったが、今日、僅かに、「重下式絞殺法」として存在しているものの、その執行は過大の衝撃を与えること、絶命までに長い時間を要すること、方法が陰惨であること等において斬首よりも残虐な刑罰である、と主張される。そして、さらに主張して、一九三三年三月二十九日の、ドイツ死刑の宣告および執行法において、絞殺、斬殺、銃殺の三種を設け、最も重い罪に絞殺を、次に、斬殺、最も情の軽い死刑囚に銃殺を用いている。死刑の残虐性の差等に絞殺を最上位に認めた立法である。しかし、右の差を直ちにわが国に当てることはできない。国民が受ける感情（国民性）が重要だからである。

この点は、正木氏も否定していない。ところが、正木氏は、右の国民性を考慮しても、絞首刑は、世界の各国民に忌み嫌われ、最も破廉恥的な野蛮刑であるとし、それは、世界に共通して認められるものだ、といわれるのである。

そして、進んで、日本国憲法第三六条に限定する残虐なる刑罰に絞首が当たるのか、について考えてみる。これについては、昭和二十三年（一九四八）三月十二日の最高裁の判決を挙げなければならない。

それは、「生命は尊貴である。一人の生命は、全地球より重い。」という言葉で有名になった判決である（最高裁判例集第二巻第三号、一九二頁以下）。その要旨を左に見てみよう。

弁護人は、憲法第三六条が残虐な刑罰を絶対に禁ずると、定めているのを根拠に、刑法の死刑の規定は、憲法上違反だと主張するのである。しかし、死刑は、冒頭にも述べたようにまさに窮極の刑罰であり、また冷厳な刑罰ではあるが、刑罰としての死刑そのものが一般に直ちに同条にいわゆる残虐な刑罰に該当するとは考えられない。ただ死刑といえども他の刑罰の場合におけると同様に、その執行の方法等がその時代と環境とにおいて人道上の見地から一般に残虐性を有するものと認められる場合には勿論、これを残虐な死刑といわねばならぬから、将来、若し死刑について火あぶり、はりつけ、さらし首、釜ゆでの刑のごとき残虐な執行方法を定める法律が制定されたとすれば、その法律こそは、まさに憲法第三六条に違反するものというべきである。前述のごとくであるから、死刑そのものをもって残虐な刑罰と解し、刑法死刑の規定を憲法違反とする弁護人の論旨は理由なきものといわねばならぬ。

右のように、最高裁は、憲法違反ではない、としたのである。ところが、正木氏は、この判決に関係した最高裁の裁判官諸公は、死刑執行（絞首）の実際を見て評決に参加したのか、と抗議しておられるのである。次の通りである。

この判例を作った裁判官諸公が死刑の執行を実見したことがあるのか、実見の上でこの判例が作られたとすれば、死刑の残虐性の判定の上におのずからなる価値が生まれてくるのであるが、若し然らずとすれば（万一この判例会議に列席した裁判官の一人もが死刑執行を見ることなしにこの判例が作られたとすれば）この判決は、観念的、想像的な判例に過ぎない。

正木氏は、最高裁判事諸公を皮肉っているのだが、実務的に考えれば、当事者である国は、処刑の実際を見る検証申立をすべきではなかったか、と思うのである。

後藤田法務大臣の決断

平成元年（一九八九）十一月十日を最後に、死刑が執行されない状況が続いていたが、三年余りたって、三名の執行が行われたのである。執行にサインをしたのは、後藤田法務大臣である。

執行があるかもしれない、との予測があったのは、法務大臣に後藤田正晴氏が就任したからだった。後藤田氏といえば、旧内務省、警察庁の出身であり、警察庁長官を辞して、時の首相だった田中角栄氏に請われて、内閣官房副長官を経て政治家になった人である。その人は、「カミソリ」との異名を持つ、タカ派的イメージが強い人であったから、死刑の執行が行われるのではないか、といわれたのである。

後藤田氏は、法相に就任しての記者会見で、死刑問題の質問を受けると、「裁判が確定している以上は、法務の仕事に携わる者として、尊重しないと、法秩序そのものがおかしくなる」と答えたことで、死刑執行が現実のものになっていたのだった。いわば、「筋を通す」ことを明言したのである。そして、事実その通りに事は進んで、今日に至っているのである。

典獄・玉井策郎

昔、刑務所や拘置所の所長を、「典獄」といった。

そのなかに、大阪拘置所所長であった玉井策郎という人がいる。その人が、死刑囚達をどのように扱ったのか、そのことに深い感銘を受けるのである。

玉井所長に、一冊の著書がある。題して、『死と壁』である。これに、作家の加賀乙彦氏が、「序」を寄せている。加賀氏は、精神科医として、若い頃、東京拘置所の医官として、多くの死刑囚に出会っている人である。その人が、『死と壁』に書いている。

加賀氏は述べる。東京拘置所だけでなく、氏は、「札幌、仙台、大阪と、そこに収監されている死刑囚を訪ね歩いた」と。

そこで得たのは、苛酷な状況に置かれた彼等の半数以上の者が何らかの拘禁ノイローゼに陥っている現状、ぎりぎりの生のありようをつぶさに見たというのだった。

ところが、大阪拘置所に行って加賀氏は驚いたのだった。処遇の仕方が違っていたのである。

加賀氏は、書いている。

まず、死刑囚同士を自由に交流させている。運動や宗教の教誨はもちろん、趣味の会合（俳句、短歌、お茶など）もみんな一緒にさせているのだ。これは、他の拘置所は、死刑囚を独居房に入れ、なるべくお互い同士を接触させない方針を取っていることと正反対だったのである。

特に、加賀氏を驚かせたのは、いよいよ刑の執行命令が出て、本人に宣告するときのことだ。ほかの拘置所では、多くは、その当日か前日に予告する方法をとっていたが、大阪では、二、三日前に教え、心の準備をさせていることだった。そして、当日には、死刑囚が全員集まって「お別れの会」まで開いていたことだった。

この独得な死刑囚の処遇法は、玉井策郎氏の考え出した処遇法であったのである。

それは、死刑囚を極悪人ときめつけ、厳格な監禁、隔離対策をせず、一個の人間として、

〝気の毒な人たち〟として、暖く遇していたのだった。そして、加賀氏は言う。玉井氏のこの『死と壁』にもっとも啓発された、と述べている。

それは、死刑囚を、確定者の刑の執行だけを中心にして見るのではなく、一審判決時、二審判決時、確定時と監房のなかでの心の動揺や変化を細かく観察している、というのだった。

玉井氏は、著書『死と壁』の「あとがき」で、次のように書いている。

社会から極悪人と言われる死刑囚が、死につく姿をありのままに描いて、この本の終りとするのでありますが、人のいう、平安とか、真実とか、或いは、美とか、芸術とかの、珠玉の輝き場所は、案外私達が忘れ勝ちな、否、気付きにくい汚れたものの中に隠されているということを、この本を通読された読者も、お感じなされたことと思います。

なんと深い言葉であろうか。「珠玉の輝き場所は、案外私達が忘れ勝ちな、否、気付きにくい汚れたものの中に隠されているということを、この本を通読された読者も、お感じなされたことと思います。」と書いているのである。

第二章　犯罪と回心

バー「カサブランカ」強盗殺人事件

昭和二十八年（一九五三）七月二十七日の午後八時四六分頃のことであった。東京都港区新橋のバー「カサブランカ」二階の客席で、お客がビールを飲んでいたとき、中三階の天井から、血がポタポタとしたたり落ちてきたことから、この事件が発覚したのだった。

驚いて調べたところ、四〇歳ほどの男が、首と両足を電気コードでしばられていて、鈍器風の物で傷を負って、あたりは、血の海になっていたのだった。やがて、被害者は、横浜の証券ブローカーのHさんと判明したのだった。

事件前日のことだった。この店「カサブランカ」でHさんと密談していて、その後、行方がわからなくなっていた「カサブランカ」のボーイC（一九歳）は、八月三日、静岡で自首して出たことから、元証券会社の社員の飯野秋夫（二四歳）が浮かび上って、十月十二日に、京都のマージャン友達の通告で逮捕されたのだった。これが、事件の発覚の概要である。

逮捕された飯野秋夫は、顔面に微笑を浮かべながら、京都から東京に移送されたが、「小生は、ただナット・ギルティ（無罪）を主張するつもりです」と、手記を発表したりしたが、やがて、「私が事件の主犯です」と、犯行を認める供述をするに至った（赤塚行雄『戦後欲望史・混乱の四、五〇年代篇』）。

警察官に伴われた、手錠姿の飯野の写真が残っている。それを見ると、ノーネクタイで、縁なし眼鏡を掛けて、ダブルの背広姿。頭髪は、六、四に分けて、目の先に何を視ているのか、いかにも慶應ボーイといった垢抜けた容姿の写真である。また、飯野の筆跡は、楷書体で書かれたものが残っていて、端正である。

正木弁護人の驚き

カサブランカ強盗殺人事件の弁護人を依頼された正木亮弁護士は、当時、インテリのアプレ青年の残虐な犯行と知って驚く。

客から預った一七〇〇株の株券を顧客に返却することができなくなった挙句、バー「カサブランカ」で、共犯者二名と殺害方法を謀議し、取引がある、と金融業兼外務員を誘い出す。その際、現金、約四〇万円を携行させたのだった。

バー「カサブランカ」に男を呼び込んで、背後から、かねて用意の電気コードで首を締め、さらに共犯者の一人とともに、用意した角棒で頭部、顔面をめった打ちにして、頸部圧迫による窒息くも網膜下腔出血による脳圧迫および脳機能障害によって、即死させたうえ、その所持金四〇万一千円ほどと腕時計一個ほか雑品六点位を強取した、というものであった。

弁護を依頼された正木弁護士は、被害者に同情する気持ちが先にたった。私は「被告人の罪の軽きを希うよりも、被害者とその家族こそ救ってあげねば、という思いにかられた」と、後に語っている。

当時、外国にいた飯野の兄が、急ぎ帰国したことについて、日本に帰る旅費があるなら、それを被害者家族に提供しないのか、私は「一文の弁護料も要らない」と迫ったことも披露している。

正木氏は、弁護士としても、行刑学者としての経験からいっても、飯野の家族関係を考えても、このような事件が発生したことが信じられないことだったのである。また、正木氏は、飯野秋夫が「分裂症的なものか、思想的なニヒルであったのか」とも述べている。飯野の家庭は、いわゆる良家で、その子女の一人の秋夫であったから、である。

正木氏は、飯野に信仰生活に入ることをすすめたのである。第一審の裁判が続いているなかで、飯野は、カトリック・カンドウ神父の教えを受けるようになるのである。飯野秋夫という人間にとって、事件、カトリック教、カンドウ神父、そのすべてが、必然であった、と思われてならないのだった。それは、すべて「運命」である、と。

飯野秋夫は、精神鑑定を受けるため、松沢病院に移された頃、カンドウ神父から洗礼を受ける。正木弁護士から飯野に宛てた当時の書簡がある。


今日の手紙を読んで、君がやっと人間らしい反省に来られたように思えて、嬉しい気がした。公判廷における虚無的な思想から、自分の行動を反省することなく、捨鉢になることは、人間として全くお話にならぬ事なのです。それが、今日の手紙によると、自分の行動を心から詫び、身を投げ出してまでも罪を贖いたいと考えるようになったことは、君の人間への接近だと僕は思う。

悔悟とか信仰とかいうことは、口さきだけでは、とても人に認めさせることは出来ないものだと思う。わたしは、君がもっと心の底からの悔悟信仰というものを法廷内で発散するようになったら、キット傍聴人も同情するようになるし、涙してくれるし、裁判の空気がちがったものになってくるのではないかと思うが、まだ君たちの裁判では、その気分が出て居ないのが残念です。

飯野秋夫は、被害者に詫びる姿勢を示すかわりに、カンドゥ神父に向かったのだった。被害者の家族に対し、彼は、いわゆる謝罪を言葉や態度で示すということは、なかったように思う。彼は、言葉で示す謝罪に嘘が必ず混じることを知っていたからではないのか。

聖パウロ女子修道会から、機関誌『あけぼの』誌が飯野秋夫に送られていた。彼は、この小さな雑誌に寄稿している。

その昭和四十五年（一九七〇）二月号に、遺稿「友への手紙――わがキリストへの歩み」が掲載されているが、その編集後記に「飯野さんは『生命の代償は生命によってしか払えない』と言っていた」、とある。彼は、言葉による謝罪の空しさを知っていたのである。

ところで、前記の遺稿の「友への手紙」だが、次のようなことが書いてある。

　人はたいてい、大きな罪を犯した者は、必ず何者かにすがりたくなるものだ。神様仏様どうぞお救いくださいと涙を流すはずだ、と考えがちですが、それは当っていません。心も凍るほどの恐ろしいことをし、自分自身を罪ある者と認めていてもなお、だれにも救ってもらいたくないとつぶやく、絶対的に孤独な存在もあるのです。

そして、さらに書く。

真実の死のおののきが、日夜、わたしをさいなみつづけています。頭と心は納得しているのに、肉体がもっと生きていたいとせがむので、困るのです。

と、書いていて、この文章の前に、「わたしはもうすぐ死ぬべき身、あるいはこの文章がお目にとまるころ、わたしはすでにこの世にいないかもしれません」と書いているが、事実そのとおりになったのである。

情状欠如の問題

正木亮と吉益脩夫編の『黙想ノート』が、みすず書房から出版されて、われわれは読むことができる。編者の一人、吉益脩夫氏は、東京大学医学部教授で、飯野秋夫の精神鑑定の再鑑定（東京高等裁判所）を担当した人である。そのときから幾年も経って、正木亮弁護士から吉益教授のところに、飯野秋夫の手記である数冊のノートが持ち込まれた。

その一部が、吉益教授が所属する日本犯罪学会の『犯罪学雑誌』に連載され、後に『黙想ノート』として出版されたのだった。それに掲載されている、吉益氏の「解説にかえて」から次のように一部を引用する（表記を漢字から片仮名にした）

まず、飯野秋夫の家系から書く。彼の家系によると、「知能の優れた人が多く、低能者は一人もいない。癲癇やアルコール中毒者も見出されないが、家系に見出された性格偏倚は重要な意義をもっている」として、「それは分裂病質と呼びうるような」もの、である。そうして、在来の見解に従って、本人の「第一に遺伝負因から見ると、この家系には精神分裂病とくに分裂病質の人が出る充分な根拠がある。そして情状欠如はその人格の重要な一つの特徴」だとしている。

次に「発達期における人格形成に最も大きな影響を与えたと見られるのはあの極めて好ましくない家庭内の人間関係である」としている。

次に、「行為環境として最も重要なものはまずダンスを習いS女に出合ったことである。彼女に対する恋慕から強い嫉妬を生じ、生活の乱れが著しくなり、就職試験の際肺結核を発見され、有名会社を断念するに及び、一層自暴自棄となり、極端に無軌道な行動に走るようになった。犯行の直接の動機となったのは予て預った株券を売却費消し返済に困った」ことが、「犯罪の発生に相当の影響」があったとしても、「異常反応と解し、犯行時には責任能力が問題になるほど著しい障害があったとは見做さなかった」のである（傍点引用者）。

飯野秋夫の場合、小児期の愛情と平和を欠いた家庭生活は、情状の発達に極めて不利な条件であった。いい換えると、それは、分裂病質素因の発達は好適素地を提供する。情性欠如といっても情状が全くないという意味ではない。結局それは量的な欠陥にすぎない。極めて顕著な欠陥から正常に至るまで、いろいろな程度の差異がある。

情状のような人間の心の微妙な動きを捕えるには、現象学的方法である。そのためには、知能の高い、自己の体験を記述する能力の優れた人を得なければならない。飯野秋夫はそれに適わしい人である。そして、その手記は、資料として重要な意義をもつものと思う。

つぎの書簡は、幼少時から今日までの母並びに近親者に対する彼の感情関係、ひいては情状の発生を知るうえに役立つ。

母と子

秋夫は、吉益教授の問いに答えて、「もしも他人が母を苦しめたり殴るなら、私は身をもってかばうでしょう。母に罪があるなら私も共に負います。しかし、もし人あって私に『君は母を尊敬しているか』と問われるならば、私は『否』とお答えする他ありません。母は母なりに、一生懸命生きてきた事は分ります。でも、自分の母としてではなく、一個の人間として突き放してみた場合、私はそう申し上げざるをえないのです。」と答えた彼は、一一ヵ月ほどたって、吉益教授に対し、前言を根本から改める手紙を出しているのだった。それは、次のものである。

……私はおかげさまで、とても元気にしずかな、みち足りた心ですごしています。この四月十九日で三十八歳になりますが、二十四歳でここに来、今では東京拘置所で最も古い存在となりました。〔中略〕

さて今日、お便り申上げるのは、先般先生から御質問を受けておこたえした母への念いを訂正させていただくためです。

母に対する念いを訂正したい、という心の動きを伝えるものであったのだ。

それは今から十五年前、私が事件を起して間もなく、母のところへ日本女子大学の卒業生でつくっている桜楓会員の一人が、『あなたの息子と同じような大事件をひき起した子の母親が世間へのお詫びに自殺した。あなたもそうなさい……』と手紙を寄越したそうです。『死ぬのはたやすいことでした……』と母はいいました。だが、今自分が死んだら秋夫は永遠にすくわれない。わたしは秋夫のたましいのすくいのために、自殺しないで秋夫と共に苦しみつつ、生き続けよう……。母は元来自分の苦しみを決してヒトにいわぬので、私は昨日まで上述の手紙について、全く知らずに来、そのために母の愛というものを十分深く理解出来ずに来たのでした。

母の話は私の心に深い、いい尽くし難い感動を与え、母と別れたのちもいまも母にむかって心の内でくり返しありがとうといい、ごめんなさいと幼い子のように詫び、それから残された日々を母が喜ぶように全力を尽くそうと誓わないではいられないのです（傍点引用者）。

先生。私の心の目から、とうとう最後のうろこが落ちた気がします。私は今や母を愛さずにはいられません。母を愛し続けて生きれば、きっと良い死が与えられると思わずにはいられません（傍点引用者）。愛が分ったので、信頼も分りました。先般の私の、母への念いは、このように変りました。私は今日、心からの喜びをもって、このことを御報告致します。

母の愛は、なんと大きいものか、「母を愛し続けて生きれば、きっと良い死が与えられる」と、秋夫は、その時のことを語っているのである。

手術と感銘

飯野秋夫は、盲腸炎を患った。獄中で手術をした。その時のある感動について書く。このことを正木弁護士に手紙で彼は伝えたのである（『社会改良』第六巻第三号、一九六一年四月）。

拝啓、二月に入って厳しい寒さの日が続いておりますが、先生にはその後お変りございませんでしょうかお伺いいたします。

さて、私二月三日の夜半に盲腸炎を手術してもらいまして、一四日に退院して参りました。

もう三年程前からのもので、何度もストマイでちらして参りましたので、案じていた通り相当悪化してしまいました。手術をして下さった大井医師の話では、一日遅れると危険だったそうです。背骨の方までくっついていて、四針縫合する程大きな切口でございました。抜糸後もひどく胃腸が痛みまして、結局十日程殆んど何も食べられませんでやせましたが、幸いそれ以後は経過もよく一日一日健康を取戻しております。

他事乍ら御安心下さい。病院では、そんな訳で初めのうちは本も読めませんので、専ら活字やペンを離れて、考えに耽りました。仲々高尚なことも考えましたけれど、又、一方でも随分阿呆らしいことも考えました。結局、自分自身をもっともよく知るためにいい機会でした。

しかし、何といってもいちばん深く心に感じましたのは、手術の晩の皆さんの暖かい心でした。

その日は朝から痛んで寝ていたのですが、ますます痛くなるばかりで、夜の九時近くに結局、盲腸炎ということで一〇時過ぎから手術が始まったのです。もう寝ていた先生や看護婦さんや懲役の人も二人起きて六人もで手術に取りかかったのですが、初めにも書きましたように随分ひどくなっているので、全部を切除するのにひどく胃腸がひっぱられて苦しみました。

するとと看護婦さんや懲役のひとたちが代る代る手を握って力づけて下さるんですね。一時間程かかってやっと手術がすみますと、みなさん、よかったよかったねと、それはもう肉親のそれのように喜んで下さいました。

一方、舎房の方からは、その晩も翌日も入院中ずっと看守長さんを初め看守さんたちが運動の担当さんまで代る代るお見舞に来て下さる。私は本当に嬉しゅうございました。こんな言い方はいけないことですが、普通の観念でいえば、もうあと何年も生きていない死刑囚の生命はさして尊重すべきものではございませんでしょう。死ぬことだけが唯一の存在理由であるという厳しさは、私共の心を氷らせます。しかし、ここの先生方、看護婦さん、看守さん方は、あんなにも手術が早く済んだために危険に陥らなくてすんだことを喜んで下さいました。よかったね、と何度も言って下さったのです。私は、命を大切にすることはこういうことなのだと病床でしみじみと考え、感謝の念にみたされたことでした

（以上傍点引用者）。

おそらく今後の毎日は、ますます困難をますことでしょう。しかし、私はあの手術の晩の倖せを思い起して一日一日をしっかり生きようと思っております。

では又、御清祥をお祈りします。

飯野秋夫

正木亮先生

正木弁護士は、この手紙は、読み捨てにはできない、と思った。死刑囚と刑吏の間においてすら、生命の尊さが心の根っこにある、と感じたという。飯野秋夫を感動させた盲腸の手術は、正に「獄の感銘」であったのである。

死と遺稿

昭和四十一年（一九六六）以来、飯野秋夫は、聖パウロ女子修道会で発行している『あけぼの』に「獄中の週間日記」を発表していた。

昭和四十五年（一九七〇）二月号には、飯野秋夫の「追悼特集」が組まれた。そのことは、先に触れているが、遺稿として、「友への手紙——わがキリストへの歩み」、「文語体によるルカ聖福音書」と、獄中の週間日記「不死身の愛の矢よ」がある。

飯野秋夫は、昭和四十四年（一九六九）十二月九日、刑死した。『あけぼの』の昭和四十五年二月号で編集子は、かつて耳にした飯野の言葉を伝えている。

「生命の代償は、生命によってしか払えない」と。これについては、先に触れたが、重要なのは、次の言葉である。

「死刑執行の宣告を受けるのは、総て、神のみむねのとき」だと。その「みむね」のときがきて、彼は刑死したのである。

前日の十二月八日の夜のことだ。彼が書いている。手紙の最後には、「母とわたしのためにお祈りください。特に母の悲しみが少しでも薄れるようにお祈りください」と、あったのである。

編集子は、刑の執行があった四日後、湘南の地に秋夫の母を訪ねた。

編集後記には、その際の様子が短かく書かれている。

「覚悟はしていたのですが……」と、秋夫の母親は嗚咽をこらえて言った。八十歳の老母である。訪ねた編集子は、胸がしめつけられた。

再び「覚悟はしていたのですが……」と、嗚咽をこらえた八十歳の母親の言葉に、編集子等の心は引き裂かれる思いをした。

母親は、母と子の最後の面会（特別面会）の様子を、ぽつり、ぽつりと語るのだった。そして時々掌の甲で涙を拭うのだった。

秋夫は、「わたくしを慰めてくれたのです。肩をもんでくれたのですよ」と、続けて語った。毎週、水曜日になると、面会のため訪れる母親は、金網でしきられ、腰から下は見ることができない小さな面会室で、秋夫と会うのが毎度のことであったが、今、秋夫の全身を見ることができる小部屋で、息子に触れたのだった。この世で最後の……

両の掌にすっぽりはいってしまう小さな遺骨に向かって、母親は、「秋夫ちゃん……」と語りかけているのだった。

古いオルガンの上に、カンドウ神父の写真と、拘置所の庭で写した秋夫の写真があった。あのとき、「身も魂も主にささげ、みこころにゆだねまつらん」と聖歌を神父といっしょに歌った。

母親は、遠路を東京で何回も乗りかえ、毎週水曜日午前十時きっかりに、清楚な和服に体を包んで拘置所の受付に現われていたのだったが、もう、その必要がなくなったのである。しかし、母親は、出掛けていくことがあったのである（高橋良雄『鉄窓の花びら』参照）。

秋夫の刑死後、すでにこの世にいないにもかかわらず、面会、差入れに出掛けた様子を、前任の所長宛に書いている。その手紙の終わりに次の言葉があって、深い感動に打たれるのだった。

……張りあいが失《う》せて急に歳をとりました。しかし、わたしはあの子に裏切られたとは決して思いません。主人が若く世を去り、いま秋夫がこうなりましても、最後まで力の限りつくして死ぬのがわたしのつとめと信じ、この先短い日々を精いっぱい、み心にかなうよう生きて参りたく存じております。（前同・高橋著参照）

その老母も、すでにこの世にいない。

予感

×月×日　日曜日

暁闇《ぎょうあん》のかなたから、わたしを深い眠りから目ざめさせるものの声がきこえてくる。いかなる恩寵《おんちょう》にも値しない、罪と汚れにみちたわたしの旅立ちのときが来たのであろうか。今はただ、一刻も早くS・カンドウ神父のもとに至りたいという思いのみが、心に満ちてくる。わたしは自身より深く、わたしの心を知っていてくださったあのかたは、再会のとき、かつてのごとく在《あ》るがままのわたしを抱擁してくださるはずだ。わたしは、カンドウ師のおもかげの上にイエズスを重ね合わせ、カンドウ師がわたしを絶対に見捨てられぬなら、イエズスもまたわたしを見捨てたまうまいと、今、明らかに悟る。

まことに、彼は自身の旅立ちを予感していたのである。

別れの手紙

先生、さようなら、いよいよお別れの時が参りました。つい先日、慈父のごとき愛にみちた御手紙をいただいたばかりですのに、もう先生のお言葉に接することができないとは、本当に悲しいことですし、明日の死を前に、最後の面会に来てくれました母の心を思うと、ふかい悲しみにみたされ、今更のように親不孝なわが身が責められてなりません。

母は「天国へ行って待っていてね。そしてお母さんがゆくときは迎えに来てね」と云いました。カンドウ神父さまをはじめ多くの人を迎え入れた「かの国」へ私も明日参ります。先生、ながい間、本当にありがとうございました。御恩はあちらへ行っても忘れません。どうぞ母と私のためにお祈り下さい。これから最後の夜を母のためにすごすつもりです。では先生、もういちど、さようならその正木亮弁護士も、今は、いない。最後の面会、体に触れて会うことのできる最後の機会が、間もなく始まろうとする時間を割いて、秋夫は、別れの手紙を数本書いたのである。手紙の最後に、秋夫は書いている。「これから最後の夜を母のためにすごすつもりです。」と。

第三章　落花流水

会食と転出

東京拘置所の所長であった高橋良雄氏は、大阪拘置所の所長であった玉井策郎氏と同じように、死刑廃止論者である。死刑囚達の処遇について、深い理解をもって当たった人であったが、飯野秋夫に影響を与えたことについて触れておきたい。

飯野秋夫が遺したパウロ女子修道会の機関誌『あけぼの』誌に、次のようなものが載っている。

××日、月曜日　晴

杉のこずえが太陽の芯をつらぬいている。

——カルメン、まだ時間がある……（ドン・ホセ）

——ドン・ホセよ、わたしにも　まだ時間があるのか。

昼、高橋所長さんとの二度目の会食。さしみとみそ汁、ごはんは食べほうだい。しばらくまえまでは、役所のえらい方たちと共に食事することなど、考えることもできなかった。この所長さんは、疑いもなく囚人をも一個の人間と認めてくださっている。囚人からの信頼を求めるまえに、まずもって囚人の人間性を信じようとしてくださっている。だからわたしどもも、このかたを裏切ることができない。

そして、

×月×日　水曜日　晴　夕方、所長さんの放送。なんということだろう。九州へご栄転のよし。

こんなことなら、きのうの会食の席で、もっとあの方のおそばに腰掛けるのだった。

死刑囚の居住区は、四舎二階に設けられていた。各々独居房であった。その死刑囚達に高橋所長は、放送で転任の挨拶をしたのだった。栄転というのは、福岡矯正管区長に任じられたことだった。

「こんなことなら、きのうの会食の席で、もっとあの方のおそばに腰掛けたのだった」と、飯野は正直な気持ちを表わしている。
　そして、彼は、書いている。

　×月×日　土曜日
　今週も、無事だった。

　×月×日　日曜日
　あかるい安息日。あずかりえざる
　ミサへのあこがれとあきらめ。
　すずめたちの、きょうはひときわ声高のおしゃべり。そよ吹く風が、透明の佳人の裳裾《もすそ》を軽やかに、あおったりする〔後略〕。

戒名は、いらない

　かつて東京拘置所所長であった高橋良雄氏は、生涯十二名の死刑囚の執行に立会う経験を持ったのである。
　彼は、平成十一年（一九九九）二月十日に死去したが、次の遺言をしている。

葬式無用。弔門供物辞退すること。花輪も戒名もいらない。生花少々供えただけで結構。

さらに加えて、

自分の死から四十九日を経てから、お世話になった方々に知らせるように――

遺族は、遺言を守ったのである。なぜだろうか。「葬式無用」を遺言にしたのは――

彼が十二名の死刑執行に立会ったことと関係があるのではないだろうか。

再び死刑は残虐か

加賀乙彦氏の『死刑囚の記録』は、絞首の残虐性について、次のように主張している。

死刑が残虐な刑罰ではないという従来の意見は、絞首の瞬間に受刑者がうける肉体的精神的苦痛が大きくはないという事実を論拠にしている。

たとえば〔中略〕一九五九年十一月二十五日の古畑種基鑑定は、絞首刑は、頸をしめられたとき直ちに意識を失っていると思われるので苦痛を感じないと推定している。これは苦痛がない以上、残虐な刑罰ではないという論旨へと発展する結論であった。

しかし、加賀氏は、刑の執行前に感じるものが問題だ、としているのである。すなわち、死刑の苦痛の最たるものは、刑執行前に独房のなかで感じるものなのである。死刑囚の過半数の者が、動物の状態に自分を退行させる拘禁ノイローゼにかかっている。彼等は拘禁ノイローゼになってやっと耐えるほどのひどい恐怖と精神の苦痛を強いられている。これが、残虐な刑罰でなくて何であろう。

これが、加賀氏の意見である。しかし、仮に加賀氏の意見が正しいとしても、後に述べる当の死刑囚達の執行前の状態が、加賀氏の指摘する状態になっていたか否か、であろう。はたして過半数の死刑囚が、その行状からみて、拘禁ノイローゼにかかっていた、とは信じられないのである。刑の執行前、看守を相手に、一時間半、将棋の五番勝負をするなど、はたして、拘禁ノイローゼの所為といえるのだろうか。少なくとも残虐とはいえないのではないだろうか。

栗原安秀中尉と三島由紀夫

典獄・高橋良雄は、先の大戦に、兵士として参加の経験を持つ。歩兵第一連隊にあった時の感動的な話を公にしているのである。

それは、昭和十一年（一九三六）二月二十六日に軍隊で起きたクーデター事件の首謀者の一人であった、隊付将校の栗原中尉のことである。

事件が起きる三、四年前のことである。歩兵第一連隊で中隊付だった栗原安秀中尉と高橋良雄は、起居を共にしていた。そのときに高橋が経験した出来事は、彼の生涯において忘れ難いものであった。

そのときのこと――

部下の兵が軍律に触れて、重営倉に処せられる出来事が起きたのである。

初冬にかかわらず、寝具を与えられず、太い木格子だけの吹きさらしの罰室に入れられたことがあった。

ところがである。深夜とつぜん中尉は、その罰室に現われたという。

無言で水筒の湯（実際は熱いコーヒー）を与えたのだった。

その夜は、中尉自身も暖房を用いず、軍服のまま終夜座禅をしていたという。その心境は、

「部下を罰するは、まず己れを罰するにはじまる」という実践であった（高橋良雄『鉄窓の花びら』「後記」参照）。

高橋氏は、部下と共に懲罰を受ける栗原中尉を己に重ねたのだった。それは、死刑囚が、苦悩から解放されて永遠を目ざす極限の心境に、心打たれた経験があったからだった。

昭和四十三年（一九六八）二月頃のことであった。三島由紀夫の訪問を受ける。来訪は、後日『豊饒の海』の第二巻として出された「奔馬」を新潮誌に連載中であった頃、旧時代の刑務所の施設や監房の構造などを取材するためであった。

著者が三島由紀夫を識ったのは、昭和二十二年（一九四七）三月の頃であった。上京して下宿した先で、三島の初めての著書（創作集）『花ざかりの森』を見たときである。

当時、小説家の三島由紀夫を識らず、十代で美しい創作集を出版していることに、驚きをもって永く記憶に留めたのだった。

法務大臣の執行立会

平成二十二年（二〇一〇）七月二十八日（木曜日）、当時の法務大臣の千葉景子氏が、死刑執行命令にサインして、その執行に立会ったと伝えられている。その死刑囚は、二人であったという。場所は、東京拘置所である。その死刑執行は、一年ぶりであった。前回は、平成二十一年（二〇〇九）七月二十八日であったから、一年ぶりである。

千葉法務大臣の意図は不明であるが、氏が弁護士であることを考えると、職業的な割り切り方をしたのかもしれない。

執行の告知

昔、典獄といわれていた拘置所所長の高橋良雄氏は、執行予定者を、所長室か教誨堂に呼び出して、明日、刑を執行する旨を伝えるのである。一日前の伝達であった。

高橋所長が生涯において立ち会った死刑囚は十二人である。その内の十一人は、高橋所長が東京拘置所の所長として行ったものである。拘置所は、天手古舞《てんてこまい》であった。

「執行日程表」が作られて、関係部署に配布される。それに基づいて粛々と進むのである。

先ず目についたのは、予定の三名の死刑囚が、前日、時間をずらして、入浴・理髪をしていることである。これは何のためなのだろうか。

それは、「身を清める」の意味があるからであろう。欠くことのできない行事なのである。

当の死刑囚も、感銘をもって受け容れている。

執行の宣告を受けると、当の死刑囚は、先ず何をするのだろうか。遺されている資料から、手紙を書く行為に気付くのである。「刑の執行」を行うことを告げられて、そのことを、前の拘置所所長〔高橋氏〕に伝える告別の言葉である。

冠省、いよいよ最後の夜を迎えました。自分でも驚く程平静です。これも皆み仏の大悲のお育ての賜とよろこんでおります。明日は、静かに参ります。最後にこれまでの御温情と御導きに感謝し、御健康をお祈り申し上げます。

〇

先生、お別れの日が参りました。有難う御座居ました。動転もなく静かに、迷惑のかからぬよう第一として参ります。御安心下さい。

〇

管区長さまには御繁忙中のところを失礼申上げます。御芳情に預りました拙者もとうとう地獄の使者がお迎いにまいりました。いよいよ本日弥陀の浄土にまいることになりました。多分、この寸簡が管区長さまのお手許にお届き〔ママ〕になります頃には、もうあの世におりますことでしょう。

〇

突然で御座居ますが、二十五日に言渡しを受けました。二十七日の金曜日には最後のお別れとなると思います。所長様には永い間、色々面倒を見て頂きましたが、心より厚く御礼を申上げます。この葉書がお手元に届く頃には、K君と二人で冥途の旅へスタートした後と思います。

では所長様、どうぞ末永く御幸福にお過し下さるようお祈り申し上げて、お別れをすること丶いたします。

（差出人は、省略）

特別面会

死刑の執行を告知された者は、親族等との面会が許されていた。昭和三、四十年代の頃のことである。親族でなくとも、その死刑囚に良い影響を与えた文通者等の特別面会もあったのである。

面会者を選ぶのは、教育課長の役目だった。課長には、僧籍にある人もいたのである。これは、死刑囚の最後を平穏に、かつ感動をもって逝かせるための配慮でもあったのである。

死刑の執行には、当の死刑囚と共に関係者の感銘こそが重要である。以下に、幾つかの実例を示すことができると思う。また、これには、教誨師と呼ばれる宗教者の存在も重要である。

平成十七年五月二十五日に成立した現行の「刑事収容施設及び被収容者等の処遇に関する法律」第三二条（死刑確定者の処遇の原則）にも、次のように定めている。

「死刑確定者の処遇に当たっては、その者が心情の安定を得られるようにすることに留意するものとする。」とし、第二項に、「死刑確定者に対しては、必要に応じ、民間の篤志家の協力を求め、その心情の安定に資すると認められる助言、講話その他の措置を執るものとする。」とあるのである。

これは、旧監獄法の時代から行われていたものであるが、新法においても引き継がれているのである。

昭和三十年代から四十年代の頃、死刑囚に、予定日の二日前、あるいは一日前の午前中に、執行を告げることが行われていたが、特定の死刑囚の状況から判断して、避ける場合もあったのである。以下に述べる、垣本松男の例である（注、後出九六頁）。

垣本の場合、当日、教誨室に呼び出して、これから執行する旨を伝えた際である。

突然、彼は、叫んだのである。

「ナム・カンゼオン・ボサツ！」と。続けて、「お許し下さい。法務大臣にお願いします。被害者も許すと約束して下さっております」と繰り返すのだった。

告知を当日にしたのは、拘置所の精神科医の、前日の言渡しを避けよ、と進言されたためだった。すなわち、一日前だと、「驚愕反応が出る」との進言があったのである。

当日、拘置所から刑場のある小菅までのバスに、彼はおとなしく乗ったのである。同乗した教誨師の僧は、身延山の貫主からいただいたという数珠を本人の腕に掛け、経典の一冊を本人に渡して読んだのである。

刑場では、お茶だけを飲んだ、と記録されている。前日、母親が最後の面会に来て、それとなく本人との別れを告げたのである。その際、母親から白の袷のハンテンが差入れられたが、逝く日は寒かろう、と語って泣いた。

前夜、夜中に、母親が差入れた大福餅一〇個を全部食べたのである。母親は、子の好物を一番知っていたのである。拘置所が入れたバナナとミカンには、一切手をつけなかったのである。

身分帳・控

拘置所や刑務所には、「身分帳」と称する被拘禁者の情報を記録するものがある、といわれている。佐木隆三という小説家に「身分帳」という作品がある。その身分帳に似た個人的な控えの帳面が、ここにいう「身分帳・控」なのである。

身分帳・控は、B４判の用紙を二つに折って、表の頁と次頁が作られて、収容されている者の本籍・住居・出生地と、職業、教育程度、生年月日、事件概要、第一審判決・最終審（多くは最高裁判所）・執行時間等が記載され、次頁には、顔写真（正面の）が貼ってある。

ところが、右に述べる情報のほか、高橋良雄所長が現場で拾った彼等の情報を、まるい米粒大の文字で、それも色鉛筆まで動員して、記録している。「身分帳・控」は、死刑囚に贈る挽歌である。

高橋所長は、万年筆を用いて、島秋人名の脇に、「犯↓25才9月、執↓33才4月」と書いている。

これは、秋人の犯行が、二十五歳九月の時で、死刑の執行が、三十三歳四月の時であったことを感慨深く示している。

このほか、欄外には、秋人の辞世の短歌が何首かあったことが、高橋所長の身分帳で示されている。次の五首のほか、立会いの検事にまで贈った一首があるのが注目される。

土ちかき部屋に移され処刑待つひととき温《ぬく》くいのち愛《いと》しむ

七年の毎日歌壇の投稿も最後となりて礼《あや》深く詠む

この澄めるこころ在るとは識《し》らず来て刑死の明日に迫る夜温《ぬく》し

詫ぶべしとさびしさ迫るこのいのち詫ぶべきものの心に向くる

養母《ハハ》の愛師の愛君の花差入《クレ》しこころうれしと憶い優しむ

島秋人は、立会いの検事にまで、辞世の短歌を書いた色紙を贈っている。「身分帳・控」にそのことが記載されている。それは――

笑む今の素直になりしこのいのち在るとは識らず生かされて知る

野原義信（昭和十年四月一日生）の場合

事犯

昭和三十三年一月二十六日午前三時頃、金銭強取の目的で、切出しナイフ一丁および軍手一双を準備し、国鉄新橋駅ガード附近で、目黒区大岡山、高山交通株式会社運転手平本利和（当二六年）運転のタクシーに乗り込み、同日午前三時過頃、三鷹市北野の路上において、ナイフを振って運転手の左胸部、前額部、後頸部などを突き刺して殺害し、所持金約八三〇〇円を強取したうえ、犯跡を隠蔽するため、死体を同市牟礼の玉川上水に投げすて遺棄したものである。

裁判・執行

第一審判決　東京地裁八王子支部・昭和三十三年十一月十日、死刑
最終審　最高裁・昭和三十六年二月二十一日、上告棄却
執行　昭和四十二年十月二十六日、午前九時十分、刑死

特別面会の要旨

日時　昭和四十二年十月二十五日午前十時二十分
出席者　所長、教育課長、S教誨師、母親、野原義信（本人）

母親—所長さんから手紙をいただいた。仙台に送られる、と思っていた。
野原—今までは、五分位前に知らされた。あの時、こうすれば良かった、と思うばかりです。
（お茶が出る）
野原—S先生（注、教誨師）は、みえていますか。僕以外逝く人はいませんから——
（S教誨師、来る）
S教誨師—大丈夫でございますよ。お浄土に参るのですから、誕生でございますよ。
野原—もう最後ですから、何も言わないで下さい。僕のまいた種ですから——

S教誨師――まあ、それを言えば、自業自得ですからね。こういうことがなければ、阿弥陀さんの所まで行けませんから――
野原――この前にもお願いしたアイ・バンクの件はどうなりましたか？
課長――お母さんと相談しますから……
S教誨師――これまでは、次から次へと迷いの旅を続けたようなものです。
野原――一週間に一回お母さんのお寿司が食べたかった。
所長――君は寿司好きなんだね、今日、君の好きなものを、なんでもとってあげるよ。
野原――呼び出された時、多分、そうか、と思いました。
S教誨師――今朝、言い渡されたのですね。
野原――はい。ただ、日本シリーズが見られないのが残念です。もう皆とは一緒にできない、といわれました（注、他の収容者と一緒にはできない、と初め断わられたが、所長の判断で、個室で一人でテレビを見ることが許された、のである。）
前日に母に会わせていただいて有難かった。最後に会えないと心残りですからね。
教育課長――まあ、できるだけ家族の方に来ていただくよう手紙を書きました。
S教誨師――明日は私も現場に参りますわい。
野原――お母さん、しっかりしてね。僕のことは、これで区切りをつけて、……お母さんが嘆いていると、心残りだからね。

　僕は書き置きみたいなもの、残しませんが、家の皆んなには感謝している、と伝えて下さい。

教育課長―では、もういいね……


（三十五分）

付記

野原義信に、明日、刑の執行をする、と伝えたとき、「よくわかりました」と言って、「すみませんが、今日の午後、日本シリーズのテレビ放映があるので、観せてもらえませんか」と願い出たのである。

しかし、テレビ観戦は、全収容者を対象にしたもの。もう、彼をその中に入れる訳にはいかない。だが、所長判断で、彼一人のテレビ観戦を許すことになったのだった。別室で、彼一人が、画面に向かって、掌をたたき、声を挙げて、夢中になったのだ。彼にとって処刑とは何なのか？

　執行の当日、午前七時五〇分、バスで小菅に向かった。その間、本人は、看守と談笑する。韓国からの引揚げの模様などを語る。彼は、韓国の釜山に近い一流旅館の子息であったのだ。

刑場では彼は、バナナ一本を食べた後、立会いのS教誨師に「喝を入れて下さい」と願った。S教誨師は立って、「喝！」と。彼、「オーッ！」と応えて力強く立ち上って、刑壇に向かう。目かくし、手錠、少しも震えず。二十数秒後、スイッチ！

記録には、「少しも震えず、ほとんど動かず、両掌の合掌も崩れず、垂下と同時に手錠を解く」とある。

確実に死が待っている処刑に、これを意に介する様子もなく、野球のテレビ観戦に夢中になれるものなのか、と驚く。

島田善平（昭和八年十二月二日生）の場合

事犯

中野刑務所において服役中、同じく同所に服役中の武川和義を誘い、同人と共同して、昭和三十六年一月二十一日午後一時過頃、当時同人等の戒護に当っていた中野刑務所看守早見三男（当37年）を、中野刑務所東門外にある刑務共済組合学生寮二階便所内に誘い込み、鉄製バールで頭部を乱打し、頸部を両手指で強く締めつけまたは麻紐で巻きつけるなどして殺害し、同看守が所有していた現金三〇〇〇円及び男物シチズン時計一個を強取して逃走したもの。

裁判・執行
第一審判決　東京地裁・昭和三十六年四月二十八日、死刑
最終審　最高裁・昭和三十八年三月二十八日、上告棄却
執行　昭和四十二年十月二十六日、午前十時十分、刑死

特別面会の要旨
日時　昭和四十二年十月二十六日午後一時六分
出席者　所長、教育課長、両親、S教誨師、島田善平（本人）

島田─話が急なんで、お父さんもお母さんも驚かれたと思いますが、僕は御覧の通りです。おかげ様の信仰で本当に有難いことです。源ちゃんの体が完全でないから、陰で心配しています。僕のことは知らない方が良いと思う。

S教誨師─ご信心の深い方です。とにかく感心ですよ。大学生さえ読んでわからぬものを読んでいます。

父親─いろいろ話を聞きました。良い信仰のことも勉強していることも……

島田─写経も、これからやることになっていたんですが、ともかく今晩中かかっても書かせ

ていただきます。
S教誨師―浮世の最後の仕事にして下さい。私の寺の宝物にします。お浄土に行けば、自由自在でございますよ。
島田―僕は、お父さんやお母さんには何も残していないんですよ。ほんとうにお詫びのしようもありません。
姉さんは、元気ですか？
母親―元気です。
父親―取り乱さないようにな……
島田―ふだんは、大丈夫と思っていても、最後はどうなるか、と。しかし、今日は、さほどじゃなくて、有難いと思っています。
僕の文鳥は一番長生きをしました。文鳥からもいろいろ教わるところがありました。あらゆるものが、全部先生です。
感謝の気持ちで、多少とも人間らしく生きられたことは有難いことです。
今さら僕から言うこともないけれど、お父さんの方から聞きたいことありますか？
何でも言って下さい。
母親―何もないよね。

父親―本当に器用で、図面を書かせても、よくやってくれたんですが……
母親―帰ってきたら店をやらせたい、と言っていたんです。
父親―私としては、もう何も言うことはないんです。
島田―昭和三十八年に入門式をして頂きました。
S教誨師―もう仏様も同じです。名前もついております。
島田―まさか今日僕がお父さんや、お母さんに逢えるとは思わなかった。
父親―お前の信心の御利益だ……
島田―僕はこれからお経を上げるけれど、その前に、詩吟をやります。
（細川頼之作の「海南行」を吟じた）

（四十七分）

付記

仏教に帰依していた。前夜から写経に没頭した。執行のことを伝えると、願いごとは何もない。ただ、写経をさせて欲しい、と願い出た。前日の午後七時から当日の午前二時半までかかって、阿弥陀経の写経をしたのである。彼は、信心深く、精神病で入院している弟を最後まで心配していた。

当日の彼の様子は、チェックの上衣に、黒のズボン姿。足許はスリッパだったが、刑壇にのぼるまで、緊張したためか、冷汗が流れていた。垂下後、二十数秒間の反射運動が認められた。軽量のためであったろうか。

高瀬陽次（昭和八年八月二十二日生）の場合

犯事

第一、昭和三十三年十二月、二回にわたって都内において現金三〇〇〇円及び背広上下二着（時価合計二万五〇〇〇円相当）を窃取し、

第二、⑴昭和三十四年一月一日午前三時頃、都内葛飾区上平井町所在の実成会の守衛を脅迫して金員を強取しようと考え、用意したくり小刀を逆手に握り、同会の事務室に押入ったところ、椅子に仮睡していた守衛の久里義雄（当五〇年）が足音に目を醒まし本人の顔を直視したので、殺害することを決意し、やにわに同人の前頸部を一突きし、前頸部刺創に基づく出血で即死させ、同人所有の現金三〇〇〇円、万年筆一本及び実成会所有の現金一六九五円を強取し、

⑵右犯行後の午前三時半頃、同会構内守衛所でみかん等を食べて帰路につきかけたとき、寮生木田数雄（当一八年）が、前記事務所に向って「只今」と声をかけ、又守衛所にも立寄っ

ているのを見かけ、「守衛は死んでいるよ」と申し向けながら近寄り、前記くり小刀で同人を脅迫し、現金七八五円、煙草ピース二個、マッチ一箱を強取し、なお、同人を寮内に連行して金員を強取しようとしたところ、「助けてくれ」と騒いだので、スパナを投げつけ、全治二週間を要する左側後頭部挫創を負わせたもの。

裁判・執行

一審判決　東京地裁・昭和三十四年五月二十日、死刑
最終審　最高裁・昭和三十六年六月九日、上告棄却
執行　昭和四十二年十一月二日、午前八時五十一分、刑死

特別面会の要旨

日時　昭和四十二年十一月一日、午前十時二十一分
出席者　所長、管理部長、教育課長、若林肇（叔父）、W教誨師、高瀬陽次（本人）

叔父（若林）――寒いかね？
高瀬――大丈夫です。早く来て下さいましたね。これまで北海道でどういう仕事をしておられ

ましたか？　汽車で来たんですか？

若林―そうです。

高瀬―僕は準備をしていましたからね。これまでに僕より先に行ってくれました人がいますからね。今までの長い間準備をしていたんです。もっと早くやられていたら、誰にも会えないで行かねばならなかった。俺が一番我がままで世話をやかせました。

課長―ついこの間のような気がする。もう五年になるかね……

管理部長―落着いてきましたね。

高瀬―それまでは、手がつけられなかった。妹は、家の手伝いをしていますか？

若林―うん

高瀬―身体は大丈夫ですか？

若林―うん

所長―高瀬君は、一番長く生活した所は？

高瀬―東京です。どこといって定まった所はありませんでした。一番先に赤羽に降りて、ここに来たんです。東横で仕事をしていました。

所長―あの頃は、傷痍軍人がずいぶん居たね。

高瀬―僕が今三十三歳でしょう。終戦から四年か五年です。あの傷痍軍人は、本物じゃないでしょう。ノートは随分ありますよ。この中のことは何も書いていません。ものすごくありますが、持っていって頂けますか。捨ててもいいですよ。
若林―僕が持っててもいいですよ。ところで、竜舌蘭という花、知っているかい？
高瀬―いやーその花は、そんなに奇麗なの？
若林―あの花は、咲いてすぐに散ってしまうんだ。
高瀬―何んだかんだで、ここに九年いましたからね。今は、何を釣っていますか？
若林―フグです。しかし、北海道じゃ、フグは喰べないね。
所長―千島の方に行くと、かれいの厚いのが釣れますね……
高瀬―雷魚の刺身を食う人がいますよ。
管理部長―あれは冷凍にしてからやるのかな？
所長―否、生きているのを料理するんですよ。
高瀬―川をのぼって行って、卵を生みつけた魚は、その後どこへ行ってしまうんでしょうね。
所長―やっぱり海に帰るんでしょう。海へ帰って、トドが食べてしまう。
若林―イカは、引導を渡される時に泣くね……
高瀬―泣かないのは、俺だけかね……
若林―今は人間が手を使わないで機械で処理をするんで。機械に入る時、「きゅう！」と鳴いて入る……

高瀬―僕が小田原にいたとき、マンボウというのを食べたことがある。まずいもんですわ……

僕は、今日呼び出された時、もうわかりました。それでも、何とも思いません。それだけ悪いことをしてきたんですから……

（W教誨師、入る）

W教誨師―おそくなって、すみません。

高瀬―御苦労をかけました。

課長―先生は、この方は初めてでしょう？

W教誨師―叔父さんですか？　お母さんの弟さんですね。北海道から大変ですね。

高瀬―歎異抄をやるつもりだったが、途中下車をしてしまった。

W教誨師―三章くらいまでやりましたが、一回一回が最後ですからね……

所長―私は、一寸失礼します（退席）。

高瀬―僕は、この後どうなるんですか？　解剖してもらえるのですか？

課長―できますよ。

高瀬―おれの体は、めちゃくちゃだからな……叔父さんのいいようにして下さい。

課長―それではもう一回託すことにして、領置調べをしよう。

（三十七分）

付記

彼は、悲しい育ち方をしてきた。実母との別れである。

父親は、先の戦争で戦死している。そのため、母親は離別し他家に再婚。婚家は、菓子屋で、北海道の某市に移り住んでいた。彼は、中学二年で退学した。貧困のためである。何時も腹を減らしていた。

この犯行の直前だった。彼は、母を嫁ぎ先に訪ねている。しかし、彼は追い返された。夢にも見た母親から、「何しに来た。すぐ帰れ！　お前が帰らなければ、私が家を出る」と言われて、泣く泣く去らねばならなかった。彼は、ノートに書いた。「歳末である。帰る家もなく、寒さは寒し、金もなし、腹も減る」と。

彼は、教誨師に語った。「母親に三度、捨てられた。こんな母親が世の中にいるでしょうか」と。しかし、最後の特別面会に、母親の弟が、北海道から来てくれた。母親が自分を追い返した訳を知ったのだった。母親は、泣く泣く彼を追い返したのだった。彼は、犯行時に、自己の破滅を意識して小刃を振るったのだ。昭和三十四年一月一日の出来事だった。そして、一月三日、彼は自首する。

記録によると、執行を告知されたとき、ニコニコと微笑して、平然としていた。その態度は、刑壇から落下するまで変わらなかった。

ズボンは、きちんと折目がついていた。靴下は新品であった。そして、足許は、麻裏草履であった。もちろん新品だった。

落ちるとき、彼は、「サヨナラ」と言った。刑務官達の耳に残った。彼は、刑壇にのぼるとき、自分からハイライト一本をゆっくり吸って、「サァ、行きましょう」と、両手を前に差し出した。その平然とした態度は、変わらなかったのだ。

島秋人（昭和九年六月二十八日生）の場合

事犯

第一、昭和三十四年三月三十一日から同四月五日までの間、新潟県下において前後五回にわたって、自転車四台（時価合計六万六〇〇〇円相当）及びサロンパス一箱、トクホン二箱、洋傘一本、ゴム長靴一足（時価合計三八〇〇円）を窃取し、

第二、昭和三十四年四月六日午前四時頃、新潟県小千谷市桜町、杉山幸治（当五一年）方に、

侵入し、足の不自由な同人が杖に使用していた樫の棒をもって、同人及び同人の妻トミ（当四三年）を脅迫し、現金二〇〇〇円を出させて強取し、続いて同人等夫婦を縛り上げ目かくしをし、就寝中の長女一美（当一五年）、長男信男（当一七年）も起こして縛り上げたうえ、自ら屋内を物色して、スーツケース、懐中時計、背広上衣など四十二点位（時価合計二万円相当）を強取し、逃走するに当り、犯行の発覚をおそれて同夫婦の殺害を決意し、同家作業場にあった玄能で幸治の後頭部附近を数回殴打し、同人が失神するや、続いてタオルをもって、トミの喉頭を強く絞めつけて窒息死させ、幸治がすでに死亡したものと誤信して逃走したため、その後頭部に加療約四十五日を要する傷害を与えただけで殺害の目的を遂げなかったもの。

裁判・執行

第一審判決　新潟地裁長岡支部・昭和三十五年三月一日、死刑
最終審　最高裁・昭和三十七年六月一日、上告棄却
執行　昭和四十二年十一月二日、午前九時四十一分、刑死

特別面会の要旨

日時　昭和四十二年十一月一日、午後一時四十七分

出席者　所長、管理部長、教育課長、泉田教誨師、父親、小川牧師、千葉てる子（養母）、
　前坂和子（支援者）、島秋人（本人）

島秋人―驚いたでしょう。喉咽《のど》がかわいた。皆んな、もう少し前に出て下さい。
小川牧師―しばらく逢わなかったが、大分、丸くなられた。
父親―お前のため、これだけの人が関心を持ってくれるんだから……
秋人―感謝しています。他にもいるんです、来てほしい人が……　歌のことで、ぼくを良く知っている人といえば、窪田空穂先生です。いろいろ知って、親しくわかってくれている人は、前坂さんが一番だと思う。僕の本の後書をお願いした。
　僕は、もう落ち着いているつもりです。多少淋しいけれど……それは仕方がないと思う。これだけのことやったんだから……ただ多くの人達を悲しませた。お父さんに本当は来て貰いたくなかった。その方が良いと思ったが、顔を見て、来てくれて良かった、と今は思っている。
父親―俺も六十五になる。間もなく逝くよ。明日かもわからん。人間の一生など、一瞬のことだ……
秋人―確定してから四年もここにいるんだから、馬鹿なりに身につけたつもりです。多少は

淋しいけれど……偉い人でもそうでしょう。
父親―それは、そうだ……
秋人―何か話をして欲しい。私は、死刑が当然のことをしたのだから、そのうち最後が来ると思っていた。
秋人―（千葉てる子に）何を持って来たの？
千葉てる子―ほおずき、です。面会の時に持参するつもりでした。
（ほおずき、を受取り、前坂から花も受け）
秋人―（花を指さし）前坂さん、これは何という花？
前坂―花屋に聞くのを忘れました。
秋人―僕が一番感謝しているのは、短歌を知ったことです。僕がもし短歌を知らなかったら、死刑が確定しても、そのままだったかも知れない……千葉さんや、こういう花を持ってきてくれた前坂さんに感謝しています。
秋人―充子は、どうなってる？
父親―わからない。敏子は、子供が三人になった。
秋人―進はどうなった？
父親―元気だ、まだ独身でいる。

秋人――あんまり婚姻をすゝめない方がいいね。僕は、短歌を習わなかったら、どうなったか、
　と常々思ってみる。
小川牧師――最初に、歌を示したのは、吉田先生ですね？
秋人――あの奥様は偉い人です。家の方は、僕を忘れた方がいい。
父親――もう心配はいらない。
秋人――僕とは昔から縁を切ったものと思っていい……
父親――だからお前の消息の話はしないんだよ。できるだけ……
秋人――一番お世話になったのは、千葉てる子さんです。
てる子――いいえ……
秋人――僕がしてあげたのは、小さなカンザシを贈っただけだ。今、頭につけている……あと
　は、歌集を出してもらって――空穂先生には、一番会いたかったね――
てる子――あのほおずきをくれたのは、本当に貧しい人なんです。
秋人――（ほおずきを示し）これを蒔いたら芽が出るかな？
てる子――出ると思いますよ。
秋人――これを皆んなに記念にやって、蒔いてもらおうかな、空地でもあれば……
　実がなったら、僕の墓に供えて下さい。しかし、実がなりそうもないね。これは、僕

の形見分けだ……

てる子―ただ天国に移されるだけですからね、肉体はなくなるけれど、魂はね……

管理部長―皆さんの居る時に、お祈りをやってもらいましょう。

（お祈りの後、全員で讃美歌三一二番を唄う。午後二時三十分）

付記

特別面会は、ほとんど島秋人の独り語りである。処刑に対し、自分は覚悟ができている、と言いながら、その実は、現世への未練が言葉のはしばしに窺われた。未練があるのも当然であろう。

彼の歌集『遺愛集』の出版が決定しながら、それを我が目で見ることができない、という悲劇は、未練を感じる彼の生い立ちと無関係とは言えない。それがまた悲しい。

しかし、それ故に、彼は、獄窓の歌人としてその名をとどめるのかもしれない。

彼が感じた未練は、刑壇にのぼってもなお「その処刑、待った！」と伝えられる、と信じた一面が覗いている。「もう社会に出しても、決して間違いはありません」と、所長や周囲の人達を苦笑させたが、彼の悲しい本音であったはずである。

彼は、遺体となる自分自身を順天堂医大に、目はアイバンクに贈る手続をしていた。

刑場では、牧師の祈祷と讃美歌を共に唄う。立会の検事に、自身が書いた色紙を贈った。次の短歌である。

笑む今の素直になりしこのいのち在るとは識らず生かされて知る

島秋人は、刑壇に登る直前に、「最後の祈り」をした。その祈りの言葉は、次のものだった。

ねがわくは、精薄や貧しき子らも疎《うと》まれず、幼きころよりこの人々に、正しき導きと神のみ恵みが与えられ、わたくし如き愚かな者の死の後は、死刑が廃されても、（傍点、引用者）犯罪なき世の中がうち建てられますように、わたくしにもまして辛《つら》き立場にある人々の上にみ恵みあらんことを、主イエスキリストのみ名により、アーメン（海原卓『死刑囚島秋人』二〇八頁参照）。

ところで、右の祈りの言葉は正しいのかどうか、についてである。秋人の執行に立会った当時の拘置所所長の高橋良雄氏に尋ねたところ、「本人の祈りである」と言われたので、先の拙著にそのまま載せたが、同氏の手控から、著者の見解を述べておく必要があると考えた。以下に書く。

それは、「死刑が廃されても」は、次のようになっていたのである。

実は、「死刑廃止の世の中になり」（傍点、引用者）とあったものが、当の死刑囚が、死刑廃止に言及することに違和感を憶えたのか、「死刑が廃されても」に訂正された、と推理するのである。

処刑の前夜、彼は、特別食を注文することができたのである。注文したのは、「ぎょうざ」であった。懸命に、手紙や色紙に筆を走らせていた。

当日である。淡褐色のウールのワイシャツ、同色のズボン、スリッパをはいて現われた。

刑壇にのぼる際、じっと菊の花を視つめてから、目かくしを受けたのだった。

拘置所の所長であった高橋氏が遺した死刑囚の手控を点検していた際、偶然、手控の裏に気付いて展げてみたのだったが、発見したのは、そこに、所長が書き写したと思われる細かい字が、びっしりと並んでいる紙一枚だった。それは、秋人の晩年、文通で知り合った、短歌を詠む盲目の女性との恋文のように思えた。それは、あからさまな性愛の告白であった。高橋所長も、そのことを配慮して、手控の裏に書き写したものであったのだろうか。手控の表紙の欄外に「彼の中に眠っているものが目を覚した。」とある。「彼の中に眠っているもの」とは、何を指しているのだろうか。彼に訪れた性愛のことを指しているのだろうか。それにしても、なぜB4判一枚の紙の裏に転記したのだろうか。

ほとんど消えかかった文字で、何度も拡大鏡をあてて見なければならなかった。中に「愛する和子よ、一足お先に天国行の切符が届いたのでゆくよ、悲しまないでね」とあった。ほかに、公表をはばかる文字があるように思えた。公表できるものではない、と考え、紙の裏に転記したのか。それにしても、公表をはばかるとして、破棄する道を選ばず、転記したのは何故なのだろう。

島秋人と盲目の女性鈴木和子との間に交された短歌には、次のものがある（岡井隆編『昭和万葉集秀歌二 相聞《そうもん》と挽歌《ばんか》』一一二頁）。

島秋人の歌

君とわれ触れあふ日なき愛に燃え心添ひつつ清められたり

鈴木和子の歌

処刑前夜君が書きくれし色紙の裏に遺墨妻へとあるにまた泣く

刑壇から彼は消えた。垂下して後、スリッパは、彼の足から静かに落ちたのである。

高島和男（昭和七年五月一日生）の場合

事犯

第一、昭和三十五年八月二十四日から同年十二月二十七日までの間に、前後六回にわたって、静岡県、神奈川県及び埼玉県下において、現金合計七〇七〇円と衣類、トランジスターラジオなど（時価合計五万八四五〇円相当）を窃取し、

第二、昭和三十五年十二月二十日午後五時三十分頃、神奈川県小田原市板橋、飯島虎雄方台所にあった菜切庖丁を手にして居間に上り込み、同人の妻飯島イネ（当五四年）を押えつけ「声を出すと殺してしまうぞ、金を出せ」と脅迫したところ、助けを求めて叫んだので、同女の頸部を両手で締めつけて失神させ、衣類等二一点時価合計四三一五円相当を強取し、その際同女に対して全治二週間を要する頸部挫傷、左手掌部切創及び精神性ショックの傷害を与え、

第三、昭和三十五年十二月三十日午前三時頃、ペティナイフを用意し、静岡県清水村寒川、庄内トモ（当七八年）方に、同女を殺害して金品を強取する目的で押入り、本人を見て「人殺し」と叫んで布団から起き上ろうとした同女の前頸部を右ペティナイフで突き刺し、出血及び

血液吸引による窒息のため死亡させ、現金一万六一九円及び風呂敷、電池、腕時計（時価三〇〇〇円）各一を強取したもの。

裁判・執行

第一審判決　静岡地裁沼津支部・昭和三十六年八月二十五日、死刑
最終審　最高裁・昭和三十七年十二月十一日、上告棄却
執行　昭和四十二年十一月二日、午前十時四十八分、刑死

特別面会の要旨

日時　昭和四十二年十一月一日午後二時四十七分
出席者　所長、管理部長、教育課長、兄夫婦、T教誨師、高島和男（本人）

教育課長―この間から風邪をひいているんです。
高島―僕のことで、いろいろ迷惑をかけました。義姉さんにも迷惑をかけました。皆さんに感謝しています。
兄―何も心配することはない。元気を出しなさい。

T教誨師―一切心配しないでいい。
高島―九月半ばから風邪を引いているんです。
所長―夕食は、好きなものを出します。
高島―実際に胸が一杯なんですよ。こういうことになってみれば、話すことがない。
兄―私も何も言うことはない。気をしっかり持ってね。
高島―僕の荷物はどうします。
兄―たくさんあるの？
高島―ふとんがあるんです。持っていけなければ、僕の方で処分します。
兄―処分してもらえれば……掌を見せてごらん。小さい頃からこうだった（掌に汗をかいている）
所長―うちの医者にも診せているんですが、これに効く薬がない。
T教誨師―毎週、よく勉強しました。
兄―皆さんに迷惑をかけっぱなしだった……
高島―私のことは、一切あれに知らせないでください。
兄―心配しないでいい。家のことは全部俺がやるから……気持をしっかり持って、過去のことは一切忘れて、ここにいる家内も何も思っていない。後のことは何も言うことはない。

T教誨師―最近作った短歌はないの？　教会の方の雑誌に投稿してくれましたね。
高島―兄さんにも大分手紙を出したが……
兄―そういうことは、心配しないで。一切水に流したから……
所長―お茶を飲んで、お話をしたら……
義姉―何か差入れをしようか？
兄―何か好きなもの、あるかね――
高島―僕にして下さること、何でも結構です……
兄―甘いものが好きなんだが……
高島―過去に迷惑をかけてきたんですから、思い残すことは、ないんです。何もかもやりっぱなしで来たんだから、胸が一杯なんですよ。実際は……
所長―お別れなんだから、何か楽しい思い出話はありませんかね……歌をうたって逝った人もおりますよ。
T教誨師―お兄さんとも、いろいろ思い出があるでしょう。
所長―高島君は、泳げるの？
兄―泳ぎはうまいですけど……
所長―僕が静岡（刑務所）に居たとき、富士山の雪をとかした水で玉露をのましてくれたことがあったね。
T教誨師―そんなにくよくよしないで、私が手伝うから……
高島―こういう所に出ると駄目なんですよ。
T教誨師―気が小さいんだね。
管理部長―最後だからあんまり心配な顔をしないでね。
高島―風邪を引いていなければ、もっと元気なんです。
教育課長―一生懸命やったね、仕事もやったし、勉強も……
所長―歌を作るということは、心に余裕がないとできない……
高島―課長さん、作業製品が大分あるんです。あれは、どうなりますか?
所長―最後に大奮闘をしたことになるね……
高島―寝ていたら、全然できない。
T教誨師―少し明るい歌を歌おうか、三〇七番が良い……後は、何番かな……二六七番をやろう。
兄―では元気を出してね。兄さんの手を握ってみな、お姉さんの手も……
（握手して別れる。時に、午後三時三十分）

付記

彼は、カトリックの信者であったが、最後の肉親との面会も、ほとんど噛み合わないままで終わってしまった。

彼の犯罪のため、兄と姪は、小学校の教師を失職してしまった。そんな結果を抱きながらも、兄と姉は面会に訪れたのだったが、彼は、面会中、体をふるえさせて、絶え間なく汗をかいていた。

その夜は、本人の希望で、特別食である、エビ天の天ぷらうどんを二杯所望して、ぐっすりと眠ったのだった。

彼は、カトリックの信仰を持っていて、刑場で、讃美歌を唱い、祈祷を受けたのだった。お茶だけで、ほかに手をつけなかった。終始頬に笑いをたたえていた。

色が白く、長身の彼は、髪を半バックに整え、同囚から愛されていた。

垣本松男（昭和六年七月一七日生）の場合

事犯

昭和二十九年十二月十日午後十一時頃、横浜市中区阪東橋附近から、高木浩次（当三七年）

の運転するタクシーに乗車し、自宅に帰るため藤棚まで行き一旦下車したが、金銭に窮していたところから咄嗟に同人を殺害して金品を強取しようと決意し、再度乗車の上「大和まで行け」と申向けてタクシーを走行させ、翌十一日午前零時三十分頃神奈川県高座郡大和町で停車を命じたうえ、やにわに同人の背後からかねて買い求めて持っていたあいくちを振って無言のまま後頭部を突刺し、さらに頭部、顔面、背部など二五ヶ所に切りつけ或いは突刺し、同人を出血即死させ、同人の所有又は保管していた現金五〇六〇円及び同人所有の腕時計一個（価格一五〇〇円相当）を強取したもの。

裁判・執行

第一審判決　横浜地裁・昭和三十一年七月五日、死刑

最終審　最高裁・昭和三十九年二月十八日、上告棄却

執行　昭和四十二年十一月九日、午前

（注、拘置所の精神科医に前日の言渡しを避けるよう進言されたため、前日に母親が最後の面会に来て、それとなく別れを告げた。六五頁参照）

間垣俊夫（昭和九年十一月二十六日生）の場合

犯事

一、昭和三十三年一月から三十五年十月上旬までの間、三回にわたって、東京、神奈川、静岡県下において、現金合計五万六〇〇〇円、工業用雷管七一本（約三五〇円相当）を窃取したほか、同期間内に現金八三二〇円）を保管中着服横領し、

二、1、昭和三十五年十月九日午前零時頃、静岡県賀茂郡東伊豆町、川瀬二郎（当五七年）方において現金九〇〇〇円及び女物羽織一枚ほか衣類七点を窃取し、

2、右犯行の際、川瀬二郎の妻友子（当五一年）に顔を見られ、誰何されて、一旦、同伊豆町所在の大山組第一班飯場に逃げ帰ったが、犯行の発覚を防ぐため、ダイナマイトで川瀬方を破壊し、右川瀬友子等家人を殺害しようと決心し、同日午前二時頃、親ダイ（第二種導火線に新薬一〇〇グラムにダイナマイト六号雷管をつけたもの）に二本を同家表六畳間の下に仕掛け、うち一本の導火線に点火して爆発させ、川瀬二郎等の現に住居に使用する家屋を損壊し、爆風により川瀬二郎を同日午後八時五二分頃、同町森医院において死亡させて殺害し、妻友子、長男勇（当三〇年）長男の妻トミ（当二七年）孫トキ子（当七ヶ月）に対

しては、それぞれ全治約一〇日から一ヶ月間を要する傷害を負わせただけで殺害の目的を遂げず、
三、右犯行により、逃亡中の同月二十日頃、前後四回にわたって、山口県下においてトランジスターラジオなど二一点及び現金三三一四円を窃取したもの。

裁判・執行

第一審判決　静岡地裁沼津支部・昭和三十六年十二月十五日、死刑
最終審　最高裁・昭和三十八年九月五日、上告棄却
執行　昭和四十二年十一月九日、午前、刑死

特別面会の要旨

日時　昭和四十二年十一月八日午前十時三十九分
出席者　所長、管理部長、教育課長、兄二人、姉、妹、間垣俊夫（本人）

彼は、肉体的なコンプレスを持っていたのである。「斜視」である。当日午前十時、教誨堂で、死刑執行を翌日行う旨を言渡したところ、「何もありません」と無感動で受けたのだった。

彼は、母親に遺言を書いている。

「お母さん、片端《〔ママ〕》なボクをお母さんだけは何時もかばってくれましたね。こんなかたちでお別れしなければならない不孝を、なんと詫びたらよいのか、言葉がありません。ボクのことを一日も早く忘れて、ボクの分まで長生きして下さい。」と。

次兄―寒くないかい。

姉―何か話してよ。話は一杯あるでしょう。私は何から話してよいか、わからない。

所長―遠いところから来てくれたのだからね。あなたも悲しい話や嬉しい話があるでしょう。

姉―子供のときの話をしようか、思い出話を……

所長―あそこは、スキーの本場なんですね。

長兄―お茶でも飲みなさいよ。

管理部長―子供の頃は、やはり福島に居たんですか?

間垣―そうです。母ちゃん、怒っているだべぇなあ、おらのために、苦労させて……

長兄―ウン、怒ってなんぞいやしねえ。手が神経痛で動かないから、途中で悪くなったら困るから、オラが代りに来たわけさ。こんなことになったのも、おめえ一人が悪いんじゃないのさ。いろいろ面倒が……

間垣―オラ、学校でも、近所でもいじめられていた。楽しいことなどなかった。
姉―私だって、同じことよ。
長兄―誰が悪いのでもない。貧乏が悪い。
間垣―皆んなに迷惑をかけた。家に帰ったら、お母さんによろしく言ってくれ。
所長―夕べは、まだ知らなかったのだね（注、執行の件は、まだ伝えられていなかった）お姉さんは、東京に住んでいる？
姉―はい。来れば来ることができましたが、子供の世話もあって……
間垣―あれから十年近くになるね……
姉―一番大きいのは、小学校に入ってます。
間垣―皆んな、僕のこと恨んでいないかね？
姉―恨んでなんかいないよ。
所長―担当さんに、食べたいものを言いなさい。
間垣―何もいらないです。
所長―何もそんな気の弱いことを言わないで、お寿司でも、二人前食べて逝った人がいますよ。
次兄―中華料理なんか、食べるだろう？

間垣―僕のこと、本当に恨んでないかい?
姉―恨んでないよ
長兄―そんなこと思ってない。思っていたら、こうして来たりせん。
間垣―母ちゃんに来てもらいたかった。
姉―来たくても体が許さないからね……
間垣―小さい時から悪いことばっかりしてきた。
姉―そういうのは、皆やることだからね。
次兄―本気でやっていることではない。
間垣―僕はお母さんに一番迷惑をかけたんです。今朝、手紙を出しましたが、あんまり長くは書けなかった……
教育課長―本人はお母さんのことを一番心配していました。そろそろ、時間ですので、これで特別面会を……
姉―(突然、大声で泣き出す。そして、倒れる。兄たち驚いて抱きかかえ、「しっかりしろ!」と励ます。)

(時に十一時三十七分)

付記

間垣俊夫は、生まれながらの斜視であった。これが、彼の人生を大きく左右したと思うのである。家は貧乏であった。中学校を卒えて、土工の仕事をしていたのだったが、彼の犯歴を見て、驚いた。経験のあるダイナマイトで、被害者宅を破壊するなど、一般市民にとっては、恐れるばかりであるが、これは、酒の結果であったようである。一升五合も飲んだのが、いけなかったのである。酒の勢いで夢中だったと本人も言っている。

彼がもっとも心痛むのは、母親に対する思いであった。病気の母親への想いは、兄弟姉妹との面会の席でも、何度も語られた。

特別面会の終わりが迫って、教育課長の「そろそろ時間が参りましたので」の閉会の言葉が告げられたとき、わッ！　と泣き伏した姉。なつかしい兄弟姉妹との別れは、現実に、確かな足取りで迫り、それが何であるかを認識した姉は、大声で泣いて倒れたのだった。

間垣俊夫は、独居房に戻ってきた。もう、明日、ここを出れば、二度と戻ることはない、と、監房の壁を撫でまわした。

その夜は、あまり眠らなかった。

刑場に入ってから、平静で言葉少ない。教誨師から最後の教誨を受ける。菓子、果物に手をつけず。お茶と煙草を希望する。「七年目かな」と言って口にしたが、すぐにやめてしまった。

刑壇に歩く前、目かくしを告げられると、「お世話さまです。よろしくお願いいたします」と、礼を尽す。進むに、膝が崩れて、支えられて刑壇から消えたのだった。

空になった監房のなかには、ハンカチなど全部洗濯をし、感謝の手紙が添えられていたのである。

三谷栄一（昭和七年五月八日生）の場合

犯事

昭和三十五年五月十四日午前一時三十分頃、家人を殺害して金品を強取する目的で、荒川区南千住、西山通運株式会社事務所に侵入し、附近にあった鉄棒を手にして、事務所中央宿直室に枕を並べて寝ていた貨車発着係兼夜間警備員小山敬三（当六三年）、同人の次男、同社運転手小山剛（当二二年）両名の間に立って電灯を点じ、敬三が目をさまして身を起そうとしたように思えるや、やにわに右鉄棒を同人の頭部に力いっぱい振り下ろし、さらに頭部や顔面を七、八回強打し、次いで、その場で何事も知らずに熟睡している剛の頭部や顔面を五、六回殴りつけ、両名をその場で死亡させたうえ、同室内を物色し、敬三所有の現金二五〇〇円及び煙草（新生）五箱並びに剛所有の背広上衣、防水雨衣各一着（以上物品時価約四二〇〇円相当）を強取したもの。

裁判・執行

第一審判決　東京地裁・昭和三十五年九月一日、死刑
最終審　東京高裁・昭和三十八年十二月十六日、上告棄却
執行　昭和四十二年十一月九日、午前、刑死

特別面会の要旨

日時　昭和四十二年十一月八日午後一時七分
出席者　所長、管理部長、叔父、叔母、三谷栄一（本人）

所長――歯医者の方には連絡してあります（三谷は歯を病んでいて、歯科医をお願いしてあったので、その結果が伝えられる……）
三谷――ありがとうございます。
叔父――体の方はどうかね？
三谷――おかげさまで……

所長―あまり堅くならないでね……
叔母―皆、叔母さんが悪かったのです。許して下さい。
叔父―歯は虫歯ですか？
叔母―歯はあんまりよくないのですね。
三谷―お父さんには何も書きませんでしたが、よろしく言って下さい。
叔父―歌は作らなかったの？
三谷―前には、少し作りましたけど……
叔母―以前は、手紙に書いてくれました。
叔父―一日からお祭で忙しかった。やっと終わって一息ついたところだった。
所長―三谷君は、お母さんと別れたのは、幾つのときだったの？
三谷―五歳の時でした。
所長―それじゃ、はっきり憶えていないね。
三谷―ぜんぜん憶えていません。
所長―私の父は、三歳のときでした。

便箋一冊をあげるから、歌ができたら書いておいたら……

叔母―下着だけ置いていきましょうか？

三谷――下着はあるから……
所長――ここに来て何年になるの？
三谷――七年になります。
所長――ずいぶん長かったね……
叔父――何か言い置くことはないか？
三谷――別にありません。
所長――教誨師さんは？　誰れについていたの？
三谷――前は泉川先生（キリスト教牧師）についていましたが、今はついておりません。
叔父――歌はどのくらい作ったの？　かなりできたでしょう？　三百首くらいですか？
三谷――そんなにはありません。
所長――君は、お別れが近いことは大体わかっていたの？
三谷――はい。わかっていました。
所長――一つの旅立ちだからね。後か先か、ということですわ。髪は、いつ短くしたの？
三谷――だいぶ前からです。

（時に、午後一時三十四分）

付記

三谷は新潟県東蒲原郡の町長をも務めた地方の有力者の血を引いていた。最後の面会に現われた叔母も、育ちの良さを窺うことができる美人であった。しかし、彼は幼少期から気の毒な環境に成人したのである。

彼は、五歳で母を喪っている。母は、肺病であった。父親は、電気技師だったが、祖父母と折り合いが悪く、彼を置いて去ったため、幼少を祖父母に育てられたが、高齢の祖父母とも別れのときを迎えた。以来、善意の叔父、叔母に育てられたが、学業を嫌い、喧嘩は強かった。しかし、学校ではテストをことさらに白紙で提出して、教師の手を焼かせた。彼が好んだのは、数学であった。辛うじて高校を出て上京した。鳶職が彼が選んだ適職だった。収入の多いのが魅力だったのである。

しかし、二年ほど続いた鳶職を退めることになったのだった。事故である。仕事中に、ロープがはずれて墜落し同僚は即死し、彼は九死に一生を得た。これが動機となって会社をやめた。その後、定職につかず、ある日、彼の人生に決定的な事が起きたのである。それは、すでに述べた「事犯」のことであった。

東京地裁で、死刑の判決。「事犯の概要」によれば、「昭和三十五年五月十四日午前一時三十分頃、家人を殺害して金品を強取する目的で」とあるのが納得できなかった。

彼は、「死刑は当然で、不服はありません。しかし、「家人を殺害して金品を強取する目的で」と、まるで、はなから殺しの計画をしたように書かれているのは、納得できません」、と言ってみたが、一笑に付されただけだった。

彼の裁判が、二審の東京高裁で確定していることに注目する。「なぜ?」だ。それは、彼が弁護人（私選）との間に、弁護のあり方で喰い違いがあったため、控訴審判決を確定させることになる上告の取下をしてしまったのだ。

さらに、彼は、法務大臣に宛て、「早期執行願」を提出したりした。また、執行の言渡しに、彼は、動ずることもなかった。「二、三日奥歯が痛むので、ガマンしていました。頓服を一服いただければ有難いです」の予想外の発言だった。

関係部署と関係人に対し、「執行日程表」が配布されていた。三谷栄一に関しては、大略、次の日程表が配布されていたのである。

一〇・一〇　教誨堂連出し（告知）
一〇・二〇　還房
　　　　入浴、理髪等
一一・三〇　昼食

一三・〇〇　家族面会
　　　　　教誨
　　　　　領置調等
一五・〇〇　還房
一六・二〇　夕食
七・〇〇　起床
七・一〇　朝食
七・四〇　出発準備
七・五三　出発（バス）
八・三〇　小菅着（北舎収容）
一〇・一五　刑場連行
一一・〇五　納棺完了
　　　　　遺体引渡

待機監房で呼出しを待っていた時、警備隊員から、「都合でゆっくりしているように」と告げられた。

「ゆっくりとは、どのくらいですか?」と、彼が尋ねた。

「一時間半ほどだね……」と、

警備隊員が答えると、

彼は、「ではそれまで将棋の駒を貸していただけませんか。もしお相手をしていただける方がおりましたら、有難いのですが……」と。

連絡を受けた拘置所所長は、前代未聞の願い事に、直ちに反応し「諾」と応え、職員用の一式を貸与し、当日の勤務者のなかで、最強有段者の刑務官を監房に入れたのである。

三谷栄一は、平然として、終始正座し、音高く駒を打った。平素彼が得意にしたのは、居飛車だったという。一方、相手となった刑務官は、目の前の刻々と迫る男の運命を想い、集中できない。結局、早さしで五局たてつづけに敗れたのである。

次の駒ならべに移った時、刑場から迎えの靴音がひびいた。気の毒そうに連行を促した警備隊員に向かって、三谷は、白い歯を見せて、「これでお仕舞ですね。お蔭様で退屈せず、間がもてまして、助かりました」と言って、彼は、名残惜しそうに駒を箱に納め、将棋盤をやさしくなでて立ちあがった、と伝えている（高橋良雄『鉄窓の花びら』一二〇頁参照）。

崎忠司（昭和五年十月五日生）の場合

犯　事

一、かねて面識のある発動機船八王丸（一八・七五屯）の船長山木茂（当四六年）に金借を申し込み、拒絶されたら脅迫してこれを強取しようと企て、昭和三十四年二月八日午後一一時頃出刃庖丁を携行して横浜市中区松影町先堀割に繋留《けいりゅう》中の同船に赴き、金借を申し込み拒絶されたので、一旦は船を出たが、再び引返して執拗《しつよう》にたのみ込み、これも素気なく拒絶されたので、このうえは同人および傍《かたわら》に就寝している同人の長男山木誠二郎（当一七年）を殺害して金員を強取する外はないと決意し、やにわに前記の庖丁をもって茂の胸部および頸部を数回突き刺し、その際、目を覚まして起き上り「待ってくれ」と言いながら制止しようとした誠二郎の胸部および頸部も数回突き刺し、茂を心臓右室刺創および肺動脈切截、誠二郎も肺静脈切截による各出血でまもなく死亡させて殺害し、同船室内から現金一二〇〇円の郵便貯金通帳一冊（現在高五三一〇円）、木製印一箇、トランジスターラジオ一台およびズボン一本を強取し、

二、右犯行後たまたま同船室内に吊してあった石油ランプが本人の体に触れて床上に落ちなお点火していたのを見て、犯跡を隠蔽するため、点火中のランプを山木茂の倒れている敷布団

の上に横倒しにおいて火を放ち、同船室（約三畳）を全焼させたものである。

裁判・執行

第一審判決　横浜地裁・昭和三十四年八月七日、死刑
最終審　最高裁・昭和三十七年二月十六日、上告棄却
執行　昭和四十二年十一月十三日午前八時五十四分、刑死

特別面会の要旨

日時　昭和四十二年十一月十二日、午前十時四十一分
出席者　所長、管理部長、教育課長、T神父、妻、母、妹、崎忠司（本人）

崎―お母さんは？
管理部長―後でね、少し落着いてから……
教育課長―お母さんは気分が悪い、と言っておられるから……
崎―一緒に来たの？
妻―はい。

崎―お母さんは元気なの……

妻―はい。今日はどうしても、と言って来ました。

所長―奥さん、元気を出して、崎君を安心させて下さい。

崎―これから先のことは、お母さんと相談してね……

所長―お母さんは、今来ますから、奥さんは、こちらにお掛け下さい。ストーブに近いところがよい。

崎―早いか遅いかの違いだから……

妻―今日は、タケシを連れてくればよかった。たくさん話すことがあるんだけど……

崎―俺のことは、何時まで考えていても仕方がないからね……

所長―お子さんに何か残すことがあれば、書いておいて下さい。

崎―永いことお世話になりました。

教育課長―私の方でも全く手がかからなかった。

妻―何か残したものがありますか?

崎―お母さんに何も買ってやれなかった。領置金（注、拘置所に入るとき預けた金）が七千円ほどあります。お母さんに何か買ってやって下さい。

妻―子供が連れていって、連れていって、と言っていました。

（十時五十八分、母、妹が入室。）

崎―泣くなよ。体はいいの？

母―お前より先に死にたかった。お前が生きているだけで、母ちゃんは頑張ってきたのだよ、母ちゃん、本当に残念だ。泣いても泣ききれない。

崎―とにかく、子供は頼んだよ。

母―それだけは心配しないでくれ。本当にやったのかい？　残念だよ。母ちゃんに何でも言ってくれれば、お前の恥にならないようにしてやったよ。母ちゃんの今までの苦労は並大ていじゃなかったよ。母ちゃんはつらいよ。罪はにくんでも、お前だけは母ちゃんと仲が良かった。罪はにくんでもお前だけは、にくめなかったよ。よーく承知して逝ってくれ。みっともないまねだけは、しないでくれよね。

崎―オヤジに逢う機会がなかったから、よろしく言ってくれ。兄貴の嫁さんにもね……母ちゃんも元気で過してね。

母―三年は生きていなければならない。お前は、幾つだね？

崎―三十だ！

母―写真を送ってくれたことがあったね？　母ちゃんは、まともに見ることができなかった。母ちゃんが一番おっかないのは、新聞やテレビに出ることだよ。それが、一番おそろしい。本当に死にたいよ。後に残る子供が可愛想だよ。

崎―もう泣くなよ！　後のことは頼むよ。荷物の中に、着るものが大分あるから、持っていってくれ。

母―向こうのお母さん（注、被害者の親）は偉いよ。死んだ者は帰らない、と言って、嘆願書を出してくれた。三十万円出せば、もう一人、弁護士を頼めると言ったが、それでも駄目だろう、と言われた……

　喧嘩一つしたことのない人間が、どうして、こういう過ちをしたんだろう。

崎―来てもらっただけでも嬉しい。

母―今、死にます、という時に笑っていられるかい。

崎―これから先、よろしくね。

母―気持ちを落着けて逝っておくれ。

崎―大丈夫だよ。

母―夢のようだ。本当に信じられない。

（十一時四十五分、T神父が入室。）

T神父―今まで一緒に勉強してきたのです。笑顔で送ってやって下さい。

母―何故こんな別れ方をしなければならないんだろう。手に余る不良というのなら格別、いっぺんでこういうことになった。
T神父—何時まで泣いていてもきりがない。元気を出して……
所長—まだ少しいいですが……皆さんがつらいことはわかります。元気づけてやって下さい。
教育課長—お母さん、お母さん、そうしていると、かえって崎君が淋しくなる。元気づけてあげて下さい。
（十一時五十二分、母、妹は退席。）
T神父—これから一緒にミサのお祈りをします。
所長—今日は、崎君の好きなものを食べてもらいます。あれじゃ、心残りだろう。
妻—私も十二月には、洗礼を受けます。
所長—崎君は、何が好きかね。酒以外なら何んでもいいですよ。
妻—お酒が好きなんですよ。
所長—今日は、半テンを持ってきたそうですから、入れてやって下さい。
崎—毛布があるからいいよ。
妻—やっぱり、今日持っていくと目につきますから……
教育課長—私の方でお預りして、ご都合の良い時に持って帰ったらいいでしょう。
T神父—奥さんもいるから、お祈りをしましょうか。聖歌を歌いましょう。

所長―明日もまた歌ってあげて下さい。
T神父―二番がいいね。
崎―皆んなに、俺のことは心配するな、と言って下さい。
T神父―信仰に結ばれたことに感謝しなければ……

（十二時二十一分）

付記

崎忠司本人は、死刑囚のなかで、随一の模範囚であった。本籍地は、当時の中華民国福建省で、昭和五年（一九三〇）に横浜市に生まれている。

彼が犯した犯罪は、なぜ起きたのか、その訳がわからない。金を借りにいって、断わられたからといって、二人も殺めてしまうものなのか、特別面会に来た母親が、「お前が本当にやったのか」と泣きながら尋ねたように、普段の人柄を識る者は、犯行を信じられなかったのも無理からぬことだったのである。拘置所で随一の模範囚は、泣き叫ぶ母親に極めて冷淡であった。特別面会が一度は中止になったのだった。

彼は、何の弁解もせず、自分の運命が間もなく尽きるであろう、ということを冷静にわかっていたのである。彼は、家族の「何か差入れようか？」の申し出に、「要らない」と。

「今夜、掛けて寝て下さい」

と、妻は、新しい毛布一枚の差入れを申し出た。「要らない」と、彼はすぐに反応した。

「僕は、一切残さずに逝きたい」と言った。

新品の毛布一枚に込められた妻の思い、差入れを拒む夫、毛布の差入れを許せば、最後の夜は、どうなってしまうのか、彼は、処刑前に崩れてしまうだろう。

最後の夜、彼は眠らなかった。眠らなかったのか、眠れなかったのか、監房の汚れた壁を背負って彼は、動かなかったのである。

当日、午前七時五十五分、拘置所から小菅刑務所に向かってバスは動き出した。彼は、無口であったが、バスが湯島から上野に向かって左折したとき、口を開いた。「楽しかったなあ、野球が一番楽しかった」と同行の警備員に呟いた。彼は、死刑囚チームのホームランバッターだった。八時三十二分、小菅刑務所に着く。記録には、「三十八分後に死亡」とあった。

秋本肇（昭和八年六月十五日生）の場合

事犯

一、昭和三十四年十一月初旬新潟市内において前後二回にわたって扇風機一台（時価一万円

相当）および背広上衣一着（時価六〇〇〇円）を窃取し、

二、下瀬義雄を誘い、前に勤めたことがあり、内部の事情を知っていた新潟市本町所在の山形新聞店本町支店（代表取締役山形孝）に押入り、金員を強取しようと企て、東京から新潟まで出向き、事前に周到な準備をし、本人において家人の様子を確めたうえ、昭和三十五年四月二十四日午後十一時四十分頃、各自一丁ずつ出刃包丁を用意し身仕度を整えて同支店に侵入し、その気配に山形キヌ（当七五年）が「誰か来たようだ」と声を出したため、山形孝（当五九年）が目を覚したのを見て、本人は孝に出刃包丁を突きつけ「騒ぐな、静かにしろ」と脅迫したが、危険を感じたキヌが女中の遠藤秋子（当一八年）を呼び、孝も「誰かいないか」と叫びながら撥ね起きたので、同人と格闘し、所持していた出刃包丁で背部、頸部、顔面、胸・腹部などを十数回にわたって突き刺し、或は、切りつけて、その場に昏倒させ、他方、下瀬は女中部屋から出てきた秋子と神経痛を患い起居の不自由なキヌを乱刺してその場で出血死させ、さらに本人は倒れている孝の止めを刺すことを下瀬に命じたが、同人が応じなかったので、自ら孝の前頸部を深く突き刺し、即時総頸動脈全断により出血死させて殺害し、両名共同して手提金庫を物色したが、折柄附近で鳴った消防車のサイレンに狼ばいし、マグネタイザー入手提ケース一個（時価四〇〇〇円相当）を手提金庫と見誤って強取したものである。

裁判・執行

第一審判決　新潟地裁・昭和三十六年十二月一日、死刑
最終審　最高裁・昭和三十九年七月十六日、上告棄却
執行　昭和四十二年十一月十三日、午前九時五十分、刑死

特別面会の要旨

日時　昭和四十二年十一月十二日、午後七時二分
出席者　管理部長、教育課長、秋本兄二人、S教誨師、秋本肇（本人）

秋本――皆様には申訳ないと思っております。しかし、私としては、これでよかったと思っております。兄さんや皆さんはどうですか？
長兄――私は、すっかり良くなった。
S教誨師――こういう事件で、兄さんたちは迷惑だったでしょう。けれど、実は如来さまの説得で出た訳です。
秋本――私はもう迷惑をかけてきたけれど、人間はこの世だけのものではないということがはっきりわかった。

S教誨師――今日も、仏教徒からキリスト者になった佐古純一郎という人の本を読み終えた時、呼び出しがあったということです。悠々としておられる――

秋本――人間は、一生を終えただけではつまらないものです。兄さんには、私のしたことで迷惑をかけたけれど、これはどうにもならない。皆さんは、元気ですか?

長兄――変わったことはない。

次兄――別にない。

長兄――お前の最後を見届けることができて、安心だ。家のことは心配しないでいい。

秋本――もう仕方がないですから……過ぎてしまったことは仕方がない。

S教誨師――如来様があなたを守っております。

秋本――生きているということは、大変なことなのです。まあ姉さん達にこういう状態で逝ったから、よろしく言って下さい。

長兄――お前の顔を見たくて来てみたが、しっかりしているので、安心した――

秋本――百姓をしながら、来てもらうというのは大変です。会えてよかった。

秋本――手紙とか書いたものは、処分しました。残っているのは、本だけです。領置金は、いろいろとお世話になった兄弟が集まった時にでも、何か買ってやってもらいたい。

秋本――兄さん達は、社会的にいろいろつらいことがあるだろう。けれど、それを乗り越えてもらいたい。私も一つの信仰によって、それを皆さんに分かちたい、という気持ちです。姉さん達も、この世では不幸だったが、人間はこの世だけではないことを知ってもらいたい。

（時に、午後七時十五分）

（辞世の短歌を遺す）

身の無生願ふ夜ながら鳴く虫のはかなき有為に惹かれて眠る

付記

執行の前日の午前十時、本人を講堂に呼び出し、翌日の刑の執行を告げたとき、彼は、顔面が蒼白になった。実家には、知らせて欲しくなかったというが、実際、兄二人がやって来てみれば、しきりと、詫びながら、あの世のことを悟ったように肩をいからして、語るのだった。彼は失職中、自殺を図ったことがある、と語っているが、横浜のK大学を二年で退学していることと関係があるのだろうか。

前夜は、午前一時半頃まで、手紙を書き、遺書を書いた。朝方五時十五分に起きた。そして、また書くのだった。朝食も余さず食べた。

刑場に向かって拘置所をバスで出発したのは、八時三分であった。到着は、八時四十分であった。教誨師が同乗した。確実に向かうところに向かっていったが、晴れ渡った空の向こうに、富士が遠望された。それを発見して、彼は、心が洗われます、と言った。富士を見て逝った者は、どれほどいるのだろうか。

小菅に到着して、その足で刑壇に登らず、監房に入れられた。待ちの控室である。

「今日で、悩み、苦しみの一切から解放される」と語る。

彼は、教誨師と、人生、宗教について語った。

九時三十三分、呼出しが来た。起ち上って落着いて監房を出たのである。所定の椅子に掛けて、じっと経文を聴いた。顔を上げて、如来様をしっかりと視た。彼も声を挙げて読経に加わったのである。

つぎに、秋本肇と共犯者である下瀬義雄の場合をみてみよう。

下瀬義雄（昭和十二年十一月二十八日生）の場合

事犯

秋本肇の誘いに応じ、新潟市本町所在の山形新聞店本町支店（代表取締役山形孝）に押入り、金員を強取することを企て、東京から新潟まで出向き、事前に周到な準備をし、秋本において家人の様子を確めたうえ、昭和三十五年四月二十四日午後十一時四十分頃、各自一丁ずつ出刃包丁を用意し身仕度を整えて同店に侵入し、その気配に山形キヌが「誰か来たようだ」と言ったため、山形孝が目を覚したのを見て、秋本肇が孝に出刃包丁を突きつけ「騒ぐな、静かにしろ」と脅迫したが、危険を感じたキヌが女中の遠藤秋子を呼び、孝も「誰かいないか」と叫びながら撥ね起きたことから、秋本が右孝と格闘し、これを乱刺して昏倒させる間に、本人は女中部屋から出てきた秋子の胸部を四回位突き刺して昏倒させ、続いて神経痛で起居不自由のため、寝台に仰臥しながら叫び声をあげているキヌを十数回乱刺し、或は切り付けてその場で出血死させ、さらに一たん昏倒した秋子が立ち上ろうとしているのを見て、背部を四回位突き刺して、その場で出血死させ、なお秋本は倒れている孝の止めを刺すことを本人に命じたが、これに応じなかったところ、自ら孝の前頸部を突き刺して右総頸動脈全断により、同人を出血死させて殺害し、両名共同して手提金庫を物色したが、折柄附近で鳴った消防車のサイレンに狼ばいし、マグネタイザー入手提ケース一個（時価四〇〇〇円相当）を手提金庫と見誤って強取したものである。

裁判・執行

第一審判決　新潟地裁・昭和三十六年十二月一日、死刑

最終審　最高裁・昭和三十九年七月十六日、上告棄却

執行　昭和四十二年十一月十三日、午前十時三十七分、刑死

特別面会の要旨

日時　昭和四十二年十一月十二日、午後二時五分

出席者　所長、管理部長、教育課長、兄、半沢（教師）氏、T教誨師、下瀬義雄（本人）

下瀬—今日、呼び出された。こういうことになるのは、かねて覚悟していた。こんな僕を持ったことを一つの不幸として思って下さい。

自分のことで、全力をつくして、これで良かったんだと思っている。

家の者の恥になるけど、一応、自分としては、どうにもならない。人生に対する明確な態度ができなかった。兄貴には、しっかりした家庭を築いてもらいたいと思う。

子供達には、人生に対する希望と勇気と、しっかりとした人生観を持って人生を送ってもらいたい。

兄―父は来られないので、俺に行ってこい、ということだった。

下瀬―おやじには申訳ない、と思う。帰ったら「申訳なかった」と言って下さい。僕は、最善を尽してこの人生を終わりたいと思うから、結局、こういう馬鹿者がいたということは、親不孝だけれど。そうかといって、親に全然責任がないというわけではない。これから立派にやってもらいたい、と思う。

所長―熱いうちに、お茶をどうぞ。

下瀬―かずえは、もう幾つですか？

兄―大学に行っている。

下瀬―半沢先生の導きで、キリスト教に入ったが……ぜひともカトリックに入ってもらいたい。高校の時が一番良いと思う。

半沢―神さまがいる、ということを最後まで持っていていただきたい。神さまが、きっと救って下さること、前世のすべての償いをして下さることです。

下瀬―罪に対し、みずから後悔しています。償いは果さねばと思っています。自分の信仰で完全に果たされるわけですから……

半沢―本当に神様はおると思う。救い主だから……救われるということ。これは、信じていいと思う。

下瀬―僕はこうなって情けないと思うけれど、情けないところから立ち上るということは、すばらしい。
半沢―お父さん、お母さん、お兄さん等は、世間的にずいぶん、つらい思いをしたと思う。けれど、満たされないものが、満たされた。神父様に告解して、神様と一致することです。洗礼を受けるということは、永遠の命の誕生ということです。
下瀬―僕が悪いことをやったことで、子供達が本当にどんな辛い思いをしているだろうかと、そのことだけを思っていた。
半沢―私も、下瀬君の気持は知っているつもりです。
下瀬―僕は、姉さんには全然他意はなかった。自分でも、自分の人生が、こうなるとは思ってもみなかった。
半沢―学校時代にも成績は良かった。同級生の諸君も、下瀬君のことを思っているが、何をして良いか、手のほどこしようがない。
下瀬―死ぬということは、どういうことか、ということも考えてみた。僕がわかったのは、神は、真理であり、正義であるということです。

昭和三十八年十二月二十三日、洗礼を受けました。自分の人生が、こう変化するとは、思わなかった。兄弟二人だけで、一人がこうなるとは、本当に情けない。義姉さんは、四十を過ぎたね。仲良くやって下さい。

下瀬―僕は何もできないけれど、信仰をすすめることだけは、できる。本当に兄貴は一番つらい立場にある、これに耐えてもらう他に仕方がない。

T教誨師―では、歌を歌おうか、二六七番、この間やったね……四〇七番をやっても良い。いつかのミサで歌いましたね……さあ、後は、この間、始めたあの歌、やろうか？　二八七番……

半沢―私、「主に感謝する歌」を歌います。独唱です。

下瀬―僕の働いた金は、神父さんに渡して教会のために使って下さい。では、おそくなったので、これでお別れしましょう。

（お互に握手をして別れる。時に、午後三時十八分）

付記

どんな理由があって、深夜、この新聞店に侵入したのだろうか、あまりに残酷だ、と溜息が出る。おそらく我が国の犯罪史上に残ると思われる事件である。

手控によると、前日十二日の午前十時二十五分、教誨堂に呼び出され、翌日、刑の執行が行われることを所長から伝えられたのである。記録によれば、その際、顔面やや蒼白となる、と記載されている。

その日の午後、兄が面会に来たが（これは、拘置所から連絡が入った結果）、ほとんど語ることもなく、終始、泣いていたのである。肉親であれば、当然のことと思われる。彼が処刑の通告を受けて、カトリックへの入信と兄や故郷にある父親や姉たちの入信を訴えていることに、ある意味で身勝手と思わざるを得ない。ここは、黙して逝くべきではないか。兄は、ただ泣いていたのは、このことであったろう。

最後の夕飯は、所望して、握り寿司であった。

当日の朝、小菅に行くバスの中で、T教誨師と明るく語り合っていた。途中、富士山を遠望できたことを喜んでいた。

彼は、収容房を出るとき、「信頼できるものは、宗教だけだ」と訴えている。

刑場に入って、彼は、監房に、新しい紺のセーターを置いてきたので、「もったいないから、貧しい人にあげて下さい」と言い残して逝ったのだった。

資料・参考文献

青木理著『絞首刑』(講談社文庫、二〇一二年)
赤塚行雄『戦後欲望史・混乱の四、五〇年代篇』(講談社文庫、一九八五年)
朝日新聞死刑制度取材班『死刑執行』(朝日新聞社、一九九三年)
安藤英男『日本漢詩百選』(大陸書房、一九七七年、八三年蒼土舎から新訂版)
飯室勝彦『裁判をみる眼』(現代書館、一九九三年)
後義輝『死刑論の研究』(三一書房、一九九三年)
岡井隆編『昭和万葉集秀歌二 相聞と挽歌』(講談社現代新書、一九八四年)
小倉孝保『ゆれる死刑』(岩波書店、二〇一一年)
海原卓『死刑囚　島 秋人』(日本経済評論社、二〇〇六年)
加賀乙彦『ある死刑囚との対話』(弘文堂、一九九〇年)
加賀乙彦『死刑囚の記録』(中公新書、一九八〇年)
加賀乙彦『小説家が読むドストエフスキー』(集英社新書、二〇〇六年)
加賀乙彦『宣告』(新潮社、一九七九年、二〇〇三年新潮文庫、上・中・下)

香川達夫『刑法講義 総論』（成文堂、一九八〇年、九五年第三版）
坂本敏夫『元刑務官が明かす死刑のすべて』（文春文庫、二〇〇六年）
島秋人『遺愛集』（東京美術、一九六七年、二〇〇四年愛蔵版）
荘子邦雄『刑法総論』（青林書院新社、一九六九年、九六年第三版）
正木亮・吉益脩夫編『黙想ノート』（みすず書房、一九六七年）
鈴木和子『手さぐりの文字』（聖燈社、一九七五年）
鈴木和子『菜の花』（鈴木和子歌集刊行会、一九七二年）
鈴木和子『盲ひ病むも』（短歌新聞社、一九七二年）
勢藤修三『死刑の考現学』（三省堂、一九八三年）
高橋良雄『鉄窓の花びら』（求竜堂、一九八三年、九〇年三一書房で復刊）
龍岡資久『刑法における倫理の思想』（東京布井出版、一九八一年）
玉井策郎『死と壁』（創元社、一九五三年、九二年弥生書房で復刊）
団藤重光『死刑廃止論』（有斐閣、一九九一年、二〇〇〇年六版）
ドストエーフスキイ『白痴』米川正夫訳、上・下（岩波文庫、一九五〇年、九四年復刊）
中山義秀『少年死刑囚』（文藝春秋新社、一九五〇年、二〇一二年インパクト出版会で復刊）
西田博著『刑務官へのエール』（廣済堂出版、二〇一四年）
樋口和博著『随筆 峠の落し文』（私家版、一九八七年、二〇〇四年再版）
藤井誠二著『殺された側の論理』（講談社、二〇〇七年）

藤木英雄『刑法講義 総論』（弘文堂、一九七五年、二〇〇三年オンデマンド版）
古田大次郎『死刑囚の思い出』（大森書房、一九三〇年、『日本人の自伝8（片山潜・大杉栄・古田大次郎）』平凡社、一九八一年に収録）
堀川恵子『教誨師』（講談社、二〇一四年）
堀川恵子『裁かれた命——死刑囚から届いた手紙』（講談社、二〇一一年）
前坂和子編著『空と祈り』（東京美術、一九九七年）
正木亮『現代の恥辱』（矯生協会、一九六八年）
三原憲三『死刑存廃論の系譜』（成文堂、一九九一年、二〇〇八年第六版）
森達也『死刑』（朝日出版社、二〇〇八年、一三年角川文庫で復刊）
森炎『死刑肯定論』（筑摩新書、二〇一五年）

あとがき

獄窓の歌人といわれている島秋人を識ったのは、『遺愛集』が出た翌年、昭和四十三年一月のことであった。初版発行が、前年十二月十日のことであるから、早い時期の入手であったと思う。どこで買ったのか、今は記憶にはない。しかし、その素朴な歌い方に注目したのだった。感動をもって記憶した一首は、左のものである。

わが罪に貧しく父は老いたまひ
　久しき文の切手さかさなる

その後、再び遺愛集を手にしたのは、年号が「平成」になって、四年たった頃であった。後に自死したコメディアンのポール牧から、秋人のひとり芝居の脚本を依頼されたのだった。平成六年（一九九四）九月、東京・池袋のホールで、初演の幕があがったが、彼の熱演は、島秋人に遠いものになっていたのだった。それは、感情表現過多、言葉をかえると、芸人としての毒があり過ぎたのである。

その頃、彼は念願だった禅宗に得度して仏門に入ったが、それをきっかけに、彼と訣別したのだった。平成八年（一九九六）のことである。

その後、稿をあらためて、タイトルも『アキト――詫びても詫び足りず』に改め、タレント・そのまんま東を起用してのひとり芝居を、東京芸術劇場で初演したのだった。続いて、その年の十二月には、札幌公演をはたした。

私は、多くの人達を知った。島秋人処刑の当時、東京拘置所の所長だった高橋良雄氏と文通が始まったことは貴重であった。

高橋氏は、埼玉県川越市の出身で、戦時中、兵役の経験を持っておられた。さりげなく、当時のことを語られることがあった。

私は、北海道旭川市の出身で、高橋氏に、問合せたことのお礼として、地元の銘菓「旭豆」を贈ったところ、氏から礼状が届いた。

それによると、戦時中、氏は千島から引揚げてきて、旭川の師団の兵舎に暫くの間居たことがある、と記されていたのだ。

これには、少々驚いた。昭和十八年（一九四三）五月二十九日、北の島アッツ島の日本軍守備隊二五〇〇人が玉砕したのだった。

先の大戦で、玉砕といわれる全滅の意味で語られる戦いで、その年七月二十九日、アッツ島の隣のキスカ島から撤退し、旭川の兵舎に暮したのである。そのなかに、高橋氏が居たというのだった。そして、氏が共感をもって語ることがあった。『鉄窓の花びら』の「後記」のなかに書かれている話である。

それは、小説の取材にやってきた、三島由紀夫に語った話である。二・二六事件で刑死した決起将校の一人である栗原安秀中尉と、歩兵第一連隊で起居を共にしていたというのだった。

その際の出来事は、前にも触れたが、高橋氏にとって、忘れ難いものであった。

当時、軍律を破った部下の兵が、重営倉に処せられたとき、共に処罰を受けるべく、中尉は軍服のまま終夜座禅を組み、水筒の湯（実は熱いコーヒー）を兵に与えた話を、取材の三島に語った。

高橋氏は、栗原中尉のことを思い出し、その感銘につき動かされて、死刑囚達に接していたであろうことは、容易に想像することができる。

感動・感銘が、行刑の基本にあることを、高橋氏は、身をもって識っていたであろう。氏は、生涯十二名の死刑囚の執行に立会っている。執行を言渡された死刑囚達は、そのことを、氏の転出先にまで知らせている。それは、あたかも人生の店じまいを知らせるものなのだ。

高橋氏が死去したのは、平成十一年（一九九九年）二月十日のことである。次の遺言をしている。

「葬式無用、弔問供物辞退すること、花輪も戒名もいらない。生花少々供えただけで結構」と。

そして、さらに、自分の死から四十九日を経てから、お世話になった方に知らせるように、と指示さえしていたのだった。

さて、昨年九月のことであった。小振りのダンボール箱が届いた。送り主は、御子息である。御父上が遺された死刑囚に関する品物である。

なかに、死刑囚の二十数枚の色紙があった。死刑執行を告げられた当日の夜か、あるいは翌朝の「出房」を告げられるまでの時か、に書かれたものであろう。二首だけ挙げる。

○身の無生願ふ夜ながら鳴く虫の
　はかなき有為に惹かれて眠る

○さらばなり憂えの奥山今日こえて
　ゆくぞうれしき陀陀のみもとえ

このほか、ダンボール箱に入っていたのは、身分帳に似た記録簿で、高橋所長の手書きになるもの、と、特別面会の方は、所長以外の人の手の速記であった。

島秋人の死刑執行寸前の祈りの言葉は、『鉄窓の花びら』誌に次のように伝えられている（三二一頁）。

ねがわくは、精薄や貧しき子らも疎《うと》まれず、幼きころよりこの人々に、正しき導きと神のみ恵みが与えられ、わたくし如き愚かな者の死の後は、死刑が廃されても、犯罪なき世の中がうち建てられますように、わたくしにもまして辛き立場にある人々の上にみ恵みあらんことを、主イエスキリストのみ名により、アーメン（傍点引用者）

ところが、傍点部分は、元は、次のようになっていたのである。

高橋所長の筆になる「身分帳」に似た『身分帳控』には、秋人が、aとbと二つに分けて、祈っている。左のとおりである。

a　精薄や貧しき人にうとまれず、幼きころより、この人々にも正しき導きと神の導きが

与えられ、犯罪なき平和な世の中がうち建てられますように

b　そして、死刑廃止の世の中になりますよう、私にもましてつらき立場の人々の上に、み恵みを、イエス・キリストのみ名においてアーメン（傍点引用者）

前記の記録によると、所長の筆で、「何ものみくいしなかった　菊の花をじっとみつめてから　目かくしをうける」と、ある。

『鉄窓の花びら』にある秋人の祈りの言葉の立派さに感じて、高橋氏に、「本人のものか」と問合せたところ、「本人の祈り」と回答を得たものであった。しかし、事実は、右に述べたとおりである。

なぜ、直されているのか、その理由はわからない。憶測はできるが、それは、やらない。

飯野秋夫のことを書く。気になっていたことを書く。それは、飯野秋夫の罪の意識と、被害者に対する謝罪が、ない、ことである。

「なぜだろうか?」という問いを発しながら、解答を得られないままであったが、その解答を得ることができるかも知れない、と思っている。

それは、加賀乙彦氏の『ある死刑囚との対話』を得たからである。言うまでもなく手掛りである。

飯野秋夫が、あえて加賀乙彦に宛てた手紙（一九六九年八月一八日）で、「とうの昔死んでいるはずの私（飯野）が今なお生かされていることを法律と医学における一つの被験体の如く自らみなして、特に内面に生起する様々の出来事の意味を問うという点にかけて過して」きた獄中のあり様を示し、「重罪を犯した前後の心情をもっともっと明らかにしなければならぬのは、ヒトに指摘されるまでもなく、私自身がよく承知している」としながら、「タブーの如く避けて」きた、と述べ、「今後もおそらくソレについて言及することは、たとえそのことでヒトに何といわれようと、出来ないであろう」と言っております。

それは、どうしてそうなるのか、について、「出来ない、というのは、一方ではたとえば罪人一般によくある例のザンゲの殆どが、他人のあわれみと賞讃を予め計算された上で為される、全く白々しいというほかいいようのない」ためだと言っております（一四八頁）。さらに、ある「プロテスタント死刑囚は、あとに残る社会の善良な人々に、山ほどの説教をして」いったり、「立派な心うつ歌をのこして亡くなった者が、私どもの仲間では長年の密告者（ここではチンコロといって最も軽蔑されるのですが）として、多大の迷惑を与え続けたり、処刑の二月ほど前には聖書類を全部クズカゴに捨て、教誨師と大ゲンカをしたりしたひとであった等々、全く何もいわず、黙々として死んでいった他のふつうの死刑囚より遥かに人間的にみて尊敬できない……という、私たちだけが知っていて町の人々の全く御存知ない事実が、私をして、「罪をザンゲする」という行為を甚しく嫌悪させる」のだと言っています。

そして、さらに、もう一つの「〈罪の意識〉と一般にいわれるものを敢えていおうとしないのは」それが飯野の場合、余りにも大きすぎるからだ、と書いています。

そうして、それは、「私（飯野）の体にしみついている生理的嫌悪こそ、或は人々が話すように求めておられる、〈罪の意識〉というものかもしれません」と、やっと本筋らしいものに辿りついています。

そのうえで、彼は「今から……十七年前の七月下旬、私はあの方を殺しましたが、ソノ瞬間から私ははげしい吐き気におそわれ（それはむろん観念的な吐き気などではなく）、ゆえに私が逃げたのは司直の手から逃げようとしたというよりも、ソノ行為、その絶対的な現実拒否をしたことで突如としてとらえられた吐き気からの逃避を意味していたのでした」（一五一頁）。

それは、本当なのか？　反論できぬ生理現象、という疑問が湧くのである。

飯野秋夫は、さらに続ける。「ほとんど呟きにも似た〝ああ……〟の一と言以外、私は自分自身に信をおくコトバを知りません」（一五一頁）。

それは、彼の罪の意識は、「感覚や感動の初原に深く結びついており、ゆえに私（飯野）が観念を以って云々するいかなるものとも異なった次元のことなので、つまるところヒトに分っていただけるように志すことを止めた時、唯一のゆるし給う御者への、〝ああ……〟の一言にのみ、一切の虚飾をすてた、眞のザンゲが始まり、終るといいたいのです。」（一五一〜一五二頁）と、言うのである。

飯野秋夫の、いわゆるカサブランカ殺人事件は、金欲しさの強盗殺人事件である。しかし、加賀乙彦氏は、単なる金欲しさの動機だけでは説明がつかない。飯野の上告趣意書に書かれた本人の記述が参考になる、としている（加賀乙彦『死刑囚の記録』一七八頁）。

「私は、進んで破滅を求めたのです。私にとっては、もはや破滅だけが長い間ひとびとの視線の向う側に絶望して蹲っている本当の自分を取り戻す、たった一つの、避け難い方法でございました。故に又、相手がHさんでなければならぬいわれは、全くなかったのです（傍点原文）。」

はじめて、これを読んだとき、本当に驚いた。破滅だけが、自分を取り戻す、たった一つの方法で、それ故に、相手は、Hさんでなければならない理由はなかった、というのである。私の頭の中は、混乱するばかりで、理解を諦めることにしたのだった。

その後、私は、彼が聖パウロ女子修道会の機関誌『あけぼの』に寄稿していた三冊を手にすることになった。

その昭和四十五年（一九七〇）二月号の「編集室から」を読むことができたのだった。そこに「飯野さんは『生命の代償は生命によってしか払えない』と言い」という記述を発見することができたのだった。なんとわかりやすい、明確な意思表示であったろうか。飯野秋夫が、どんな機会に、右の「生命の代償」を語ったのであろうか、彼は、日記に「死刑囚が存在することは悪であり、生きていることは恥である」と書きつけている、という（『死刑囚の記録』二二七頁）。

おわりに、事件の被害者、関係者および、死刑囚達は、全員仮名にした。出版事情の困難な昨今にかかわらず今度の出版について絶えず激励と、数々の力を貸して下さった日本経済評論社の栗原哲也社長と新井由紀子さんに対して、深く謝意を述べたいと思います。ありがとうございました、と。

二〇一五年六月

海原　卓

著者紹介

海原　卓（かいばら・たく）

1927年旭川市に生まれる。中央大学専門部法学科卒業。

1953～75年まで弁護士業務に携わり、のち脚本家・作家に転ずる。

日本脚本家連盟、日本放送作家協会各会員。

作品：テレビドラマに「裁かれしもの」日本テレビ（読売テレビゴールデンシナリオ賞最優秀作品賞受賞）、「向日葵は知っていた」日本テレビ［火曜サスペンス劇場］、「正しく裁いて下さい」TBS［月曜ドラマスペシャル］など。

舞台台本に「アキト――詫びても詫び足りず」（演者は、そのまんま東）、「鬼灯（ほおずき）」など。

著書：『日本弁護士沿革史』（共著、日本弁護士連合会、1959年）、『仮面の銀行』（自由国民社、1971年）、『金融と裁判』（銀行時評社、1985年）、『氏名の変更』（法令総合出版、1985年）、『マンガ銀行取引入門』（シナリオ、経済法令研究会、1988年）、『仇討法廷』（朝文社、1990年）、『佐々木秀世の生涯――ある政治家の真実』（自由国民社、1994年）、『世評正しからず――銀行家・岩下清周の闘い』（東洋経済新報社、1997年）『死刑囚 島秋人――獄窓の歌人の生と死』（日本経済評論社、2006年）など。

刑壇に消ゆ　典獄・高橋良雄と12人の死刑囚

2015年8月19日　第1刷発行　定価（本体1800円＋税）

著　者　海　原　　卓
発行者　栗　原　哲　也

発行所　株式会社日本経済評論社
〒101-0051　東京都千代田区神田神保町3-2
電話03-3230-1661　FAX 03-3265-2993
URL：http://www.nikkeihyo.co.jp

組版＊閏月社／印刷＊文昇堂／製本＊高地製本所／装幀＊奥定泰之

乱丁本・落丁本はお取替えいたします

Printed in Japan　ISBN 978-4-8188-2391-4